Selbstliebe
Kalender
2023

Copyright © 2022 Silvia Meierova
Alle Rechte vorbehalten.
ISBN: 9798360779735

SELBSTLIEBE

ist keine Kuscheleinheit vor dem Spiegel oder ein stolzes Schulterklopfen.

Selbstliebe bringt ein klares Bewusstsein über dich selbst:
WER BIST DU? WAS KANNST DU? WAS BEWIRKST DU?

Alles was KLEIN macht - ZWEIFELN lässt - ANGST erzeugt, verdunkelt die Wahrheit über das wahre Wesen.

SELBSTLIEBE bedeutet, die Wahrheit über sich selbst zu entdecken, hinter die Dunkelheit zu blicken und es sich einzugestehen.

ICH BIN EINZIGARTIG - ICH BIN DIE ICH BIN - MENSCH UND SEELE ZUGLEICH

IN DEM MOMENT BÄM : Es gibt nichts mehr zu fürchten - nichts mehr zu wollen - nichts mehr zu bemängeln - nichts mehr zu bejammern - nichts mehr außer der Wahrheit.

STILLE - RUHE - FRIEDEN - EINFACH SEIN

Niemand kann dich je wieder verletzten - manipulieren - kleinhalten - beschuldigen - ausnutzen - anlügen - in Dramen verstricken.

Einladung an dich:

Solltest du im Laufe des Jahres Fragen haben, dann nur zu - stelle sie einfach.

Entweder in meiner Facebook-Gruppe

RADIKALE SELBSTLIEBE
www.facebook.com/groups/radikalselbstlieben

oder schreibe mir direkt an: **liebedichzuerst@im-sein.de**

Viele Impulse oder auch kostenfreie Meditationen findest du auf meiner Webseite **www.im-sein.de**

auf Facebook
www.facebook.com/radikaleselbstliebe

oder auf Instagram
www.instagram.com/silvia_meierova/

(D)ein Weg in die Selbstliebe muss nicht einsam sein.

Es war an einem Weihnachtsabend. Wir feierten mit der gesamten Familie. Ich besorgte für alle Geschenke. Als dann der Moment des Auspackens kam, stellte sich heraus, dass für mich niemand ein Geschenk hatte. Ich fühlte mich schrecklich. Nicht, weil ich unbedingt wieder Socken bekommen wollte, sondern weil niemand an mich gedacht hatte. Ich verbarg mit großer Not meine Tränen und sobald es möglich war, zog ich mich zurück.

Ich lag voller Trauer im Bett. Es war nicht das erste Mal, dass ich mich so fühlte. Schwierige Familienverhältnisse, Mobbing in der Schule, einige gescheiterte Beziehungen hinter mir. Ich fühlte mich oft unwichtig, klein und übersehen.

Mein Instinkt sagte mir, dass dieser Abend eine sehr wichtige Botschaft für mich bereithielt. Ich lag da und lauschte mit offen Sinnen. Und dann sah ich es ganz deutlich vor mir.

Mein Leben war wie dieses Weihnachten. Ich war immer bemüht, für andere da zu sein und sie zu beschenken, aber nicht, weil ich so viel zu geben hätte, sondern weil ich mir erhoffte, einiges zurückzubekommen.

Ich war abhängig, absolut abhängig von der Zuneigung anderer. Ich brauchte harmonische Beziehungen und ich tat alles, um sie zu haben.

Ich arbeite an mir und fürchtete mich vor jeder Kritik oder Ablehnung. Ich litt, wenn niemand da war, der mich liebte. Warum? Weil ich selbst nichts für mich hatte.

Mein Leben war wie dieses Weihnachten. Wenn niemand für mich ein Geschenk hatte, bekam ich einfach nichts.

Ich sah, wie normal und üblich das ist. Wie viele von uns so vieles tun, um Liebe, Anerkennung und Zuneigung zu erhaschen.

An dem Abend sah ich ganz deutlich, dass ich eine Einladung bekommen hatte. Eine Einladung zu wachsen und wirklich erwachsen zu werden.

Denn erwachsen sein bedeutet auch, unabhängig zu sein. Ich kann emotional unabhängig werden. Ich muss die Liebesquelle in mir anvisieren, meinen Fokus auf sie setzen, eine Verbindung zu ihr herstellen und meine emotionalen Bedürfnisse aus mir heraus für mich erfüllen.

Ich sah, wie unerschöpflich und groß meine eigene Liebesquelle ist. Liebe, Zuspruch, Anerkennung, Motivation, Kraft …in mir ist alles.

Ich kann die Beziehungen zu meinen Mitmenschen genießen, ich muss von ihnen aber nicht mehr abhängen. Was für eine Befreiung für mich, aber auch für Menschen um mich herum. So begann mein Weg in die Selbstliebe.

Umso mehr ich meiner eigenen inneren Quelle vertraute und mich von ihr versorgen ließ, umso mehr konnte ich andere Menschen so respektieren, wie sie sind. Jetzt kann ich meine Lieben wirklich beschenken, denn jetzt habe ich auch wirklich etwas zu geben. Kritik oder Ablehnung sind unangenehm wie ein Zahnarztbesuch, sie tun aber nicht mehr in der Seele weh.

Als Kinder erfahren wir, wie es ist, von Zuneigung anderer abhängig zu sein. Als Erwachsene bekommen wir die Einladung zu erfahren, wie es ist, davon frei zu sein.

EMOTIONAL UNABHÄNGIG - Die große Freiheit des Erwachsenseins.

2023

January
S	M	T	W	T	F	S
1	2	3	4	5	6	7
8	9	10	11	12	13	14
15	16	17	18	19	20	21
22	23	24	25	26	27	28
29	30	31				

February
S	M	T	W	T	F	S
			1	2	3	4
5	6	7	8	9	10	11
12	13	14	15	16	17	18
19	20	21	22	23	24	25
26	27	28				

March
S	M	T	W	T	F	S
			1	2	3	4
5	6	7	8	9	10	11
12	13	14	15	16	17	18
19	20	21	22	23	24	25
26	27	28	29	30	31	

April
S	M	T	W	T	F	S
						1
2	3	4	5	6	7	8
9	10	11	12	13	14	15
16	17	18	19	20	21	22
23	24	25	26	27	28	29
30						

May
S	M	T	W	T	F	S
	1	2	3	4	5	6
7	8	9	10	11	12	13
14	15	16	17	18	19	20
21	22	23	24	25	26	27
28	29	30	31			

June
S	M	T	W	T	F	S
				1	2	3
4	5	6	7	8	9	10
11	12	13	14	15	16	17
18	19	20	21	22	23	24
25	26	27	28	29	30	

July
S	M	T	W	T	F	S
						1
2	3	4	5	6	7	8
9	10	11	12	13	14	15
16	17	18	19	20	21	22
23	24	25	26	27	28	29
30	31					

August
S	M	T	W	T	F	S
		1	2	3	4	5
6	7	8	9	10	11	12
13	14	15	16	17	18	19
20	21	22	23	24	25	26
27	28	29	30	31		

September
S	M	T	W	T	F	S
					1	2
3	4	5	6	7	8	9
10	11	12	13	14	15	16
17	18	19	20	21	22	23
24	25	26	27	28	29	30

October
S	M	T	W	T	F	S
1	2	3	4	5	6	7
8	9	10	11	12	13	14
15	16	17	18	19	20	21
22	23	24	25	26	27	28
29	30	31				

November
S	M	T	W	T	F	S
			1	2	3	4
5	6	7	8	9	10	11
12	13	14	15	16	17	18
19	20	21	22	23	24	25
26	27	28	29	30		

December
S	M	T	W	T	F	S
					1	2
3	4	5	6	7	8	9
10	11	12	13	14	15	16
17	18	19	20	21	22	23
24	25	26	27	28	29	30
31						

Bist du bereit ganz NEU in das neue Jahr zu starten?

Sag JA!

Ja zu DIR!

Ja zu deinem Leben!

Nimm an, was zu dir gehört!

Kein Zögern – kein vielleicht oder nur ein bisschen – ich sage Ja!

REISE DURCH DIE ZEIT. Was erwartet dich 2023?

Eine wundervolle Übung ganz frei auf meiner Webseite unter:
www.im-sein.de/meditation

Meine Vision für 2023
Am Ende des Jahres bin ich:

_____

_____

_____

_____

_____

_____

_____

Januar

1	SO	Neujahr (D, A, CH)
2	MO	Berchtoldstag 2023 (CH)
3	DI	
4	MI	
5	DO	
6	FR	Heilige Drei Könige (D – BW/BY/ST, A, CH)
7	SA	
8	SO	
9	MO	
10	DI	
11	MI	
12	DO	
13	FR	
14	SA	
15	SO	
16	MO	
17	DI	
18	MI	
19	DO	
20	FR	
21	SA	
22	SO	
23	MO	
24	DI	
25	MI	
26	DO	
27	FR	
28	SA	
29	SO	
30	MO	
31	DI	

Februar

1	MI	
2	DO	
3	FR	
4	SA	
5	SO	
6	MO	
7	DI	
8	MI	
9	DO	
10	FR	
11	SA	
12	SO	
13	MO	
14	DI	
15	MI	
16	DO	
17	FR	
18	SA	
19	SO	
20	MO	
21	DI	
22	MI	
23	DO	
24	FR	
25	SA	
26	SO	
27	MO	
28	DI	

März

1	MI	
2	DO	
3	FR	
4	SA	
5	SO	
6	MO	
7	DI	
8	MI	Internationaler Frauentag (D - BE/MW)
9	DO	
10	FR	
11	SA	
12	SO	
13	MO	
14	DI	
15	MI	
16	DO	
17	FR	
18	SA	
19	SO	Josefstag (CH)
20	MO	
21	DI	
22	MI	
23	DO	
24	FR	
25	SA	
26	SO	
27	MO	
28	DI	
29	MI	
30	DO	
31	FR	

April

1	SA	
2	SO	
3	MO	
4	DI	
5	MI	
6	DO	
7	FR	Karfreitag (D, A, CH)
8	SA	
9	SO	Ostersonntag (D – BB)
10	MO	Ostermontag (D, A, CH)
11	DI	
12	MI	
13	DO	
14	FR	
15	SA	
16	SO	
17	MO	
18	DI	
19	MI	
20	DO	
21	FR	
22	SA	
23	SO	
24	MO	
25	DI	
26	MI	
27	DO	
28	FR	
29	SA	
30	SO	

Mai

1	MO	Tag der Arbeit (D, A, CH)
2	DI	
3	MI	
4	DO	
5	FR	
6	SA	
7	SO	
8	MO	
9	DI	
10	MI	
11	DO	
12	FR	
13	SA	
14	SO	
15	MO	
16	DI	
17	MI	
18	DO	Christi Himmelfahrt (D, A, CH)
19	FR	
20	SA	
21	SO	
22	MO	
23	DI	
24	MI	
25	DO	
26	FR	
27	SA	
28	SO	Pfingstsonntag (D – BB)
29	MO	Pfingstmontag (D, A, CH)
30	DI	
31	MI	

Juni

1	DO	
2	FR	
3	SA	
4	SO	
5	MO	
6	DI	
7	MI	
8	DO	Fronleichnam (D – BW/BY/HE/NW/RP/SL, A, CH)
9	FR	
10	SA	
11	SO	
12	MO	
13	DI	
14	MI	
15	DO	
16	FR	
17	SA	
18	SO	
19	MO	
20	DI	
21	MI	
22	DO	
23	FR	
24	SA	
25	SO	
26	MO	
27	DI	
28	MI	
29	DO	
30	FR	

Juli

1	SA
2	SO
3	MO
4	DI
5	MI
6	DO
7	FR
8	SA
9	SO
10	MO
11	DI
12	MI
13	DO
14	FR
15	SA
16	SO
17	MO
18	DI
19	MI
20	DO
21	FR
22	SA
23	SO
24	MO
25	DI
26	MI
27	DO
28	FR
29	SA
30	SO
31	MO

August

1	DI	Bundesfeiertag (CH)
2	MI	
3	DO	
4	FR	
5	SA	
6	SO	
7	MO	
8	DI	
9	MI	
10	DO	
11	FR	
12	SA	
13	SO	
14	MO	
15	DI	Mariä Himmelfahrt (D – BY/SL, A, CH)
16	MI	
17	DO	
18	FR	
19	SA	
20	SO	
21	MO	
22	DI	
23	MI	
24	DO	
25	FR	
26	SA	
27	SO	
28	MO	
29	DI	
30	MI	
31	DO	

September

1	FR	
2	SA	
3	SO	
4	MO	
5	DI	
6	MI	
7	DO	
8	FR	
9	SA	
10	SO	
11	MO	
12	DI	
13	MI	
14	DO	
15	FR	
16	SA	
17	SO	
18	MO	
19	DI	
20	MI	Weltkindertag (D – TH)
21	DO	
22	FR	
23	SA	
24	SO	
25	MO	
26	DI	
27	MI	
28	DO	
29	FR	
30	SA	

Oktober

1	SO	
2	MO	
3	DI	Tag der Deutschen Einheit (D)
4	MI	
5	DO	
6	FR	
7	SA	
8	SO	
9	MO	
10	DI	
11	MI	
12	DO	
13	FR	
14	SA	
15	SO	
16	MO	
17	DI	
18	MI	
19	DO	
20	FR	
21	SA	
22	SO	
23	MO	
24	DI	
25	MI	
26	DO	Nationalfeiertag (A)
27	FR	
28	SA	
29	SO	
30	MO	
31	DI	Reformationstag (D – BB/HB/HH/MV/NI/SN/ST/SH/TH)

November

1	MI	Allerheiligen (D – BW/BY/NW/RP/SL, A, CH)
2	DO	
3	FR	
4	SA	
5	SO	
6	MO	
7	DI	
8	MI	
9	DO	
10	FR	
11	SA	
12	SO	
13	MO	
14	DI	
15	MI	
16	DO	
17	FR	
18	SA	
19	SO	
20	MO	
21	DI	
22	MI	Buß- und Bettag (D – SN)
23	DO	
24	FR	
25	SA	
26	SO	
27	MO	
28	DI	
29	MI	
30	DO	

Dezember

1	FR	
2	SA	
3	SO	
4	MO	
5	DI	
6	MI	
7	DO	
8	FR	Mariä Empfängnis (A, CH)
9	SA	
10	SO	
11	MO	
12	DI	
13	MI	
14	DO	
15	FR	
16	SA	
17	SO	
18	MO	
19	DI	
20	MI	
21	DO	
22	FR	
23	SA	
24	SO	Heiligabend
25	MO	1. Weihnachtstag (D, A, CH)
26	DI	2. Weihnachtstag (D, A, CH)
27	MI	
28	DO	
29	FR	
30	SA	
31	SO	

Schulferien 2023

Deutschland

Schuljahr					2022/2023		2023/2024
	Weih-nachten 2022/2023	Winter	Ostern	Pfingsten	Sommer	Herbst	Weih-nachten 2023/2024
BW	21.12.-7.1.	-	6.4/11.-15.4.	30.05.-9.6.	27.7.-9.9.	30.10.-3.11.	23.12.-5.1.
BY	24.12.-7.1	20.-24.2.	3.-15.4.	30.5.-9.6.	31.7.-11.9.	30.10.-3.11./22.11	23.12.-5.1.
BE	22.12.-2.1.	30.1.-4.2.	3.-14.4.	19./30.5.	13.7.-25.8.	2.10./23.10.-4.11.	23.12.-5.1.
BB	22.12.-3.1.	30.1.-3.2.	3.-14.4.	19.5.	13.7.-26.8.	2.10./23.10.-4.11.	23.12.-5.1.
HB	23.12.-6.1.	30./31.3	27.3.-11.4.	19./30.5.	6.7.-16.8.	2.10./16.-30.10.	23.12.-5.1.
HH	23.12.-6.1.	27.1.	6.-17.3.	15.-19.5.	13.7.-23.8.	2.10./16.-27.10	22.12.-5.1.
HE	22.12.-7.1.	-	3.-22.4.	-	24.7.-1.9.	23.-28.10	27.12.-13.1.
MV	22.12.-2.1.	6.-18.2.	3.-12.4.	19./26.-30.5.	17.7.-26.8.	9.-14.10./30.10./1.11.	21.12.-3.1.
NI	23.12.-6.1.	30./31.1.	27.3.-11.4.	19./30.5.	6.7.-16.8.	2./16.-30.10.	27.12.-5.1.
NRW	23.12.-6.1.	-	3.-15.4.	30.5.	22.6.-4.8.	2.-14.10.	21.12.-5.1.
RP	23.12.-2.1.	-	3.-6.4.	30.5.-7.6.	24.7.-1.9.	16.-27.10.	27.12.-5.1.
SL	22.12.-4.1.	20.-24.2.	3.-12.4.	30.5.-2.6.	24.7.-1.9.	23.10.-3.11.	21.12.-2.1.
SN	22.12.-2.1.	13.-24.2.	7.-15.4.	19.5.	10.7.-18.8.	2.-14.10./30.10.	23.12.-2.1.
ST	21.12.-5.1.	6.-11.2.	3.-8.4.	15.-19.5.	6.7.-16.8.	2./16.-30.10	21.12.-3.1.
SH	23.12.-7.1.	-	6.-22.4.	19./20.5.	17.7.-26.8.	16.-27.10	27.12.-6.1.
TH	22.12.-3.1.	13.-17.2.	3.-15.4.	19.5.	10.7.-19.8.	2.-14.10.	22.12.-5.1.

Alle Angaben erfolgen ohne Gewähr. Änderungen vorbehalten.

Schweiz

Schuljahr		2022/2023				2023/2024
Ferien	Sport	Frühling	Sommer	Herbst	Weih-nachten	
Zürich	-	24.4.-6.5.	17.7.-19.8.	9.10.-21.10.	25.12.-6.1.	
Bern	-	7.4.-23.4.	8.7.-13.8.	23.9.-15.10.	23.12.-7.1.	
Luzern	11.2.-26.2.	7.4.-23.4.	8.7.-20.8.	30.9.-15.10.	23.12.-7.1.	
Uri	4.3.-12.3.	22.4.-7.5.	1.7.-20.8.	-	-	
Schwyz	27.2.-3.3.	-	10.7.-18.8.	2.10.-13.10.	24.12.-5.1.	
Obwalden	16.2.-26.2.	7.4.-23.4.	1.7.-13.8.	7.10.-29.10.	24.12.-8.1.	
Nidwalden	11.2.-26.2.	7.4.-23.4./19.5.	8.7.-27.8.	30.9.-15.10.	23.12.-7.1.	
Glarus	28.1.-5.2.	7.4.-23.4./8.5./19.5.	1.7.-13.8.	7.10.-22.10.	23.12.-7.1.	
Zug	4.2.-19.2.	15.4.-30.4./18.5.-21.5.	8.7.-20.8.	7.10.-22.10.	23.12.-7.1.	
Freiburg	20.2.-24.2.	7.4.-21.4./19.5.	10.7.-23.8.	16.10.-27.10.	25.12.-5.1.	
Solothurn	6.2.-17.2.	10.4.-21.4.	10.7.-15.8.	2.10.-20.10.	25.12.-5.1.	
Basel-Stadt	18.2.-4.3.	1.4.-15.4./19.5.	1.7.-12.8.	30.9.-14.10.	23.12.-6.1.	
Basel-Landschaft	18.2.-5.3.	1.4.-16.4./19.5.	1.7.-13.8.	30.9.-15.10.	23.12.-7.1.	
Schaffhausen	28.1.-12.2.	15.4.-30.4.	8.7.-13.8.	30.9.-22.10.	23.12.-2.1.	
Appenzell Ausserrhoden	-	7.4.-21.4.	10.7.-11.8.	9.10.-20.10.	25.12.-5.1.	
Appenzell Innerrhoden	17.2.-26.2.	8.4.-23.4.	1.7.-13.8.	7.10.-22.10.	23.12-7.1.	
St. Gallen	-	9.4.-23.4.	9.7.-13.8.	1.10.-22.10.	24.12.-7.1.	
Graubünden	27.2.-3.3.	17.4.-28.4.	1.7.-13.8.	9.10.-20.10.	25.12.-5.1.	
Aargau	-	11.4.-21.4.	24.7.-11.8.	2.10.-13.10.	27.12.-5.1.	
Thurgau	30.1.-5.2.	27.3.-10.4./18.5.-29.5.	10.7.-13.8.	9.10.-22.10.	25.12.-7.1.	
Tessin	18.2.-26.2.	7.4.-16.4.	-	-	-	

Waadt	11.2.-19.2.	7.4.-23.4.	1.7.-20.8.	14.10.-29.10.	23.12.-7.1.	
Wallis	27.2.-10.3.	15.5.-19.5.	1.7.-14.8.	16.10.-27.10.	25.12.-5.1.	
Neuenburg	27.2.-3.3.	5.4.-21.4.	3.7.-11.8.	2.10.-13.10.	21.12.-5.1.	
Genf	20.2.-24.2.	7.4.-21.4./19.5.	3.7.-20.8.	23.10-27.10.	25.12.-5.1.	
Jura	20.2.-24.2.	7.4.-21.4.	3.7.-18.8.	-	-	

Alle Angaben erfolgen ohne Gewähr. Änderungen vorbehalten.

Österreich

Schuljahr	2023				2023/2024	
Ferien	Semester	Ostern	Pfingsten	Sommer	Herbst	Weihnachten
Burgenland	13.02.-19.02.	1.4.-10.4.	27.5.-29.5.	1.7.-3.9.	27.10.-31.10./2.11./11.11.	24.12.-6.1.
Kärnten	13.02.-19.02.	19.3./1.4.-10.4. *	27.5.-29.5.	8.7.-10.9.	27.10.-31.10./2.11.	24.12.-6.1.
Niederöst.	06.02.-12.02.	1.4.-10.4.	27.5.-29.5.	1.7.-3.9.	27.10.-31.10./2.11./15.11.	24.12.-6.1.
Oberöst.	20.02.-26.02.	1.4.-10.4.	4.5./27.5.-29.5.	8.7.-10.9.	27.10.-31.10./2.11.	24.12.-6.1.
Salzburg	13.02.-19.02.	1.4.-10.4.	27.5.-29.5.	8.7.-10.9.	24.9./27.10.-31.10./2.11.	24.12.-6.1.
Steiermark	20.02.-26.02.	19.3./1.4.-10.4. *	27.5.-29.5.	8.7.-10.9.	27.10.-31.10./2.11.	24.12.-6.1.
Tirol	13.02.-19.02.	19.3./1.4.-10.4.	27.5.-29.5.	8.7.-10.9.	27.10.-31.10./2.11.	24.12.-6.1.
Vorarlberg	13.02.-19.02.	19.3./1.4.-10.4	27.5.-29.5.	8.7.-10.9.	27.10.-31.10./2.11.	24.12.-6.1.
Wien	06.02.-12.02.	1.4.-10.4.	27.5.-29.5.	1.7.-3.9.	27.10.-31.10./2.11./15.11.	24.12.-6.1.

Alle Angaben erfolgen ohne Gewähr. Änderungen vorbehalten.

Wer begleitet dich durch das Jahr 2023?

Mein Name ist Silvia Meierova.

Meine Bestimmung ist es, als Raupe zur Welt zu kommen und während mich die Welt aus der Raupenperspektive das Leben lehrt, verwandle ich mich in einen Schmetterling.

Was sehr poetisch klingt, war für mich persönlich eine wahre Grenzerfahrung voll von Irrwegen, unerträglichen Ängsten und Fragezeichen.

1980 in der Slowakei geboren kam ich mit 21 Jahren alleine nach Deutschland und blieb.

Ich machte im Leben einige Erfahrungen, die aus mir einen sehr ängstlichen und zurückgezogenen Menschen machten.

Meine sensible Art ließ mich einen dicken Schutzpanzer aus Angst zulegen, um die Härte des Lebens besser auszuhalten.

Drogenabhängigkeiten, Mobbing, eine Partnerschaft, die mir den Rest meiner Selbstachtung nahm, finanzieller Mangel, generalisierte Angststörungen, Depressionen, mein Sohn kam mit einer schweren bis jetzt unheilbaren Erkrankung zur Welt.

Ich wurde vor so viele, oft unlösbare Probleme gestellt. Ich fühlte keinen Halt und keine Liebe. Es gab einen Punkt, an dem klar war, entweder nehme ich eine neue Haltung an und lerne dem Leben anders zu begegnen oder ich gehe unter. Ich fragte mich, was ein Mensch am meisten im Leben braucht und die Antwort war - einen guten Freund.

Einen Freund, der es immer gut mit mir meint und mir zuhört. Meine Bedürfnisse kennt und respektiert. Der mir bedingungslose Liebe schenkt und immer, wenn ich ihn brauche, für mich da ist. Es gibt auf dieser Welt nur eine Person, die so viel Zeit mit mir verbringt und mich nie verlässt - ich **selbst**.

Und so machte ich mich auf meinen eigenen Weg in die Selbstliebe.

Egal welches Problem ich anging, welchen Ängsten oder Unsicherheiten ich mich stellte, der erste Schritt war immer, zuerst mich selbst zu lieben und erst dann zu handeln.

Zuerst Liebe, Kraft, Weisheit und Halt tanken und erst dann die Dinge angehen - gestärkt, klar, emotional versorgt.

Ich entscheide mich täglich neu für die Liebe und die Fülle, die in mein Leben fließen möchte.

Ich versuche dabei gar nicht erst mich oder meine Persönlichkeit zu reparieren, ich lasse lieber mein Bewusstsein wachsen und erinnere mich, wer ich in Wahrheit bin. Ich tauche in die Tiefe ein, dort wo die Quelle meiner eigenen Liebe und Weisheit lebt.

Ich bin nicht nur ein Körper oder eine Persönlichkeit, ich bin viel mehr und du bist es auch.

Auch du kannst dir aus deiner eigenen Seelenebene alles holen, was du brauchst: Unterstützung, Liebe, Führung oder Halt.

Auch deine Verletzungen, Begrenzungen, Blockaden, Ängste und Schmerzen können ihre Erlösung finden. Auch dein Alltag kann liebevoller - achtsamer - klarer – ganzheitlicher werden.

Ich teile mit dir meinen Weg in die Selbstliebe. Es soll nur eine Inspiration und Unterstützung für dich sein deinen eigenen zu finden.

Ich bin kein Freund von Methoden, die für alle anwendbar sein sollen.

Ich bin ich und du bist du – absolut einzigartig.

☐ Hier geht es nur darum deine eigene Weisheit und deine eigene Quelle der Fülle und Liebe für dich zu entdecken, mit ihr eine stabile Verbindung herzustellen und so in deine Selbstermächtigung zu gehen.

Die Welt steht im Wandel. Es gibt viele Menschen, die beginnen, sich auf sich selbst zu beziehen und neue Antworten suchen: Wer bist du wirklich? Was genau ist deine Bestimmung? Ich bin eine von diesen Menschen und du bist es auch.

Ich bin da, um dich daran zu erinnern, wer du wirklich bist, was du wirklich kannst und was dein wahrer Platz in deinem Leben ist. Deine eigene Weisheit zu entdecken und in deine eigene Größe zu gehen.

Wie sieht im Moment deine Beziehung zu dir aus?

Magst du in eine neue Klarheit kommen, dann beantworte für dich folgende Fragen:

Beobachte dich ruhig ein paar Tage, beantworte nicht alles auf einmal. Lass dir Zeit, denn nur das, was du wahrnimmst, was in deinem Bewusstsein ankommt und nicht mehr im Unterbewusstsein schlummert, kannst du auch wirklich ändern.

Bin ich mir ein Freund?

Gehe ich freundlich mit mir um?

Gehe ich auf meine Bedürfnisse ein?

Kann ich mir verzeihen?

Mich ermutigen?

Stehe ich an meiner Seite?

Bin ich mir wichtig, oder sind die Umstände, Pflichten oder meine Mitmenschen oft viel wichtiger als ich?

Ist mir überhaupt klar, wer ich bin und wozu ich in der Lage bin?

Kann ich in meinen Beziehungen für eine Klarheit sorgen, die andere aber auch mich selbst gleichermaßen respektiert?

26. Dezember 2022 - 1. Januar 2023   52. KW

Montag **26** **Dezember**	2. Weihnachtstag	Wofür bist du heute dankbar?
Dienstag 27 Dezember		Wofür bist du heute dankbar?
Mittwoch 28 Dezember		Wofür bist du heute dankbar?
Donnerstag 29 Dezember		Wofür bist du heute dankbar?
Freitag 30 Dezember		Wofür bist du heute dankbar?
Samstag 31 Dezember	Silvester	Wofür bist du heute dankbar?
Sonntag **1** **Januar**	Neujahrstag	Wofür bist du heute dankbar?

Bereit für die Selbstliebe(?)

Wenn ich dich frage, ob du dich geliebt fühlen willst? Was antwortest du?
JA, NATÜRLICH! Ich bin doch nicht doof, ich will mich nicht hassen, mich ablehnen, mich schlecht behandeln. Was soll diese dämliche Frage?

Ja, was soll diese Frage eigentlich?
Die Antwort ist ganz einfach. Um dich geliebt zu fühlen, musst du dich verändern.

Deine innere Landschaft, all die Gedanken und Emotionen, die du hast, dein eigenes Selbstbild ist das Abbild dessen, was dir je widerfahren ist.
Jetzt stehst du auf einem Scheideweg, dir ist bereits bewusst, du liebst dich nicht so, wie du könntest. Du bist mit deinem Selbstbild unzufrieden und das ist gut SO! Ich feiere dich für diese Erkenntnis.
JA, ich sage JA. So soll es sein.

Niemand braucht mit innerer Ablehnung, Druck, Stress, Schuldgefühlen oder Scham durch diese Welt zu laufen. Jeder, der erkennt, dass er sich selbst lieben kann, und seine eigene Größe und eigene Talente würdigen kann, ist mutig und längst auf dem Weg in die Selbstliebe.
Wie lang muss dieser Weg sein? Musst du zuerst all die schmerzlichen Erfahrungen deiner Kindheit verarbeiten, bis du so weit bist? Ich sage, NEIN. Das musst du nicht.
Was enorm wichtig ist, ist sich bewusst zu machen, wie du zur Veränderung stehst.

Liebst du sie, bist du offen, dich hineinzustürzen, oder fürchtest du dich?
Es ist nichts Schlimmes daran, dich zu fürchten, denn du bist dabei, dich ganz neu zu erfahren, Wege zu gehen, die du noch nie gegangen bist.

Bist du bereit dich zu verändern?

2. - 8. Januar 2023   1. KW

Montag **2** Januar	Wofür bist du heute dankbar?
Dienstag **3** Januar	Wofür bist du heute dankbar?
Mittwoch **4** Januar	Wofür bist du heute dankbar?
Donnerstag **5** Januar	Wofür bist du heute dankbar?
Freitag **6** Januar	**Wofür bist du heute dankbar?**
Samstag **7** Januar	Wofür bist du heute dankbar?
Sonntag **8** **Januar**	Wofür bist du heute dankbar?

Nicht alles schreit gleich hurra

Du kommst mit dem Wunsch, dich zu lieben und dein Verstand sagt, ein netter Wunsch ist das. Deine inneren Anteile, oft sind viele innere Kinder dabei, müssen aber wirklich bereit sein, dich zu unterstützen. Sie können deine Bemühungen richtig sabotieren.

Denn manche oder sogar viele innere Anteile in dir fühlten sich noch nie wirklich geliebt, sie sind daher sehr verschlossen und vorsichtig.

Verweigern sie Liebe? NEIN, sie verweigern das, was sie nicht wirklich kennen.

Ich brauchte lange, um das zu verstehen. Ich fand die Idee, mich selbst zu lieben, mit mir eine Liebesbeziehung einzugehen, so toll, so wunderschön. Aber bei vielen Schritten, die ich in diese Richtung gegangen war, wurde ich regelrecht ausgebremst und von Selbstzweifeln geplagt. Ich verstand nur Bahnhof. Wie ist es möglich, dass nicht alles in mir JA und HURRA schreit und ich nicht mit Turbogeschwindigkeit in so etwas Schönes hineinfahren kann?

Es war, als würde ich mir selbst erlauben, zu einem wunderschönen Strand zu fahren, ich hätte das Geld, die Zeit und die Möglichkeit. Ich hätte schon das Ticket gebucht und meine Beine sagen: „NEIN." Wir bleiben daheim. Wie? Daheim? Hallo? Wir wollen glücklich sein, also wo ist das Problem? Das Problem war oft, vieles in mir wusste gar nicht, was Liebe ist. Es hat sich noch nie geliebt gefühlt, geborgen oder unterstützt. Ganz viele Jahre meines Lebens war ich ängstlich und unsicher, fand mich nicht interessant genug, nicht gut genug, nicht fähig genug.

Das sind Tage, Wochen, Jahre, in denen ich eine andere war. Wenn ich mich lieben will, muss ich mich verändern, ich muss mich sogar radikal verändern. Von einem Menschen, der nicht viel von sich hält zu einem Menschen, der sich liebt.

Was ganz konkret würde sich in deinem Leben ändern, wenn du dich selbst liebst?

9. - 15. Januar 2023   2. KW

Montag **9** Januar	Wofür bist du heute dankbar?
Dienstag **10** Januar	Wofür bist du heute dankbar?
Mittwoch **11** Januar	Wofür bist du heute dankbar?
Donnerstag **12** Januar	Wofür bist du heute dankbar?
Freitag **13** Januar	Wofür bist du heute dankbar?
Samstag **14** Januar	Wofür bist du heute dankbar?
Sonntag **15** **Januar**	Wofür bist du heute dankbar?

Keine Ahnung zu haben ist ganz normal

Wer bin ich, wenn ich mich selbst ganz innig liebe?

Wie fühle ich mich dann? Wie handle ich? Wie denke ich? Keine Ahnung. Ich musste bereit sein, es herauszufinden. Jeden Tag aufs Neue bereit sein, etwas anders zu machen als bisher.

Oft stand ich da (und stehe immer noch oft) und habe einfach keine Ahnung. Ich habe keine Erfahrung, auf die ich bauen kann. Ich muss vieles ganz neu machen.

Einige von meinen inneren Kindern waren alles andere als begeistert. Was erwartet uns da? Wie ist dieses neue Leben? Du sagst, es ist schön. Aber weißt du es wirklich? Ich musste zugeben: „NEIN, ich habe selbst keine Ahnung, denn mir fehlt die Erfahrung.

So oft fühlte ich mich wie jemand, der von einer Klippe ins Unbekannte springen muss. Das, was ist, mein verzerrtes, von Schmerz und Leid gekennzeichnetes Selbstbild wollte ich nicht mehr aufrechterhalten. Was kommt aber stattdessen?

Ich musste vertrauen. Mehr blieb mir nicht übrig. Vieles in mir warnte mich, weil es das NEUE noch nicht kannte. Ich hatte Selbstzweifel, Angst, etwas zog mich nach hinten, bremste mich, wo es nur konnte. Ich war lange in einem inneren Konflikt gefangen. **Ich wollte das NEUE und ich fürchtete das NEUE.**

Wenn du dich in dieser Geschichte wiedererkennst, dann kann ich dir aus heutiger Sicht nur sagen:" **spring**".

Vertraue und spring. Sei bereit das NEUE zu umarmen, es willkommen zu heißen, es zu lieben. Jeden Tag deinen Fokus auf die Liebe setzen und sie in allem zu suchen und zu finden. Die Dinge anders machen als bisher.

Also, wenn du das Gefühl hast, du kannst nicht viel verändern, du wirst es nicht schaffen, du weißt nicht, wo du anfangen sollst …sei liebevoll zu dir, es ist nur die Ahnungslosigkeit und die Angst, die man fühlt, wenn man neue Wege geht. Nichts weiter.

Wie würde dich jemand beschreiben, der dich ganz innig liebt?

16. - 22. Januar 2023   3. KW

Montag **16** Januar	Wofür bist du heute dankbar?
Dienstag **17** Januar	Wofür bist du heute dankbar?
Mittwoch **18** Januar	Wofür bist du heute dankbar?
Donnerstag **19** Januar	Wofür bist du heute dankbar?
Freitag **20** Januar	Wofür bist du heute dankbar?
Samstag **21** Januar	Wofür bist du heute dankbar?
Sonntag **22** **Januar**	Wofür bist du heute dankbar?

Ich wurde gefragt: Willst dich selbst lieben, willst du dich geliebt fühlen? Ich rief JA!!!!!!
Und warum liebst du dich dann nicht? Ich sagte: „Na weil es schwer ist!"
Liebe fließen zu lassen ist kein bisschen schwer, was ist also so schwer daran?

Ich bin in einer toxischen Umgebung aufgewachsen, ich habe psychische Gewalt erlebt. In meinem Innern sind Räume entstanden, die Selbstliebe nicht nur nicht zulassen konnten, sie kannten sie gar nicht.

Diese Räume waren mein Zuhause von Anfang an. Sie waren mein Zuhause! Mein Heim.
Es war schon schwer genug, dort meinen Platz zu finden, sich dort einigermaßen sicher zu fühlen und als die Selbstliebe an meine Tür klopfte und mir das Angebot machte, mich durch mein Leben zu begleiten, sagte ich zuerst begeistert JA!!!!
Klar!!! Ich will mich lieben! Dann erklärte sie aber, was es bedeutet. Sie sagte, ich muss mein Zuhause verlassen. Sie kann mit mir nicht in diese toxische Landschaft gehen. Sie kann mit mir nicht dort einziehen und alles rosa-rot machen.
Ich habe es ewig nicht verstanden. Sie sieht doch, dass ich zu schwach und unsicher bin, um dort wegzuziehen.
Ich bin lieber in meinem Leid - in meinem Zuhause geblieben. Die Veränderung wäre mir zu groß, der Auszug von allem, was ich kannte, zu schwer.
Ich kaufte mir lieber ein bisschen Farbe und ein paar neue Plakate und machte mein Heim ein bisschen wohnlicher.
Im Alltag bedeutete das ein bisschen für die Liebe meditieren, ein paar Workshops buchen, meine Gedanken mit Puderzucker bestreuen ...
Die Selbstliebe wartete geduldig vor der Tür. Wenn ich sie fühlen wollte, mit ihr sprechen wollte, musste ich immer meinen toxischen Raum verlassen. Sie kam nie zu mir herein.

"Warum kommst du nicht zu mir?" Fragte ich.
"Weil an deinem Heim nichts verkehrt ist", sagte sie. Es ist, wie es ist. Ich bin die Liebe, ich zwinge oder verändere nichts ...
Entweder gehst du mit mir in meine Welt, in meine Räume oder nicht. Auch dich werde ich nicht zwingen.

23. - 29. Januar 2023   4. KW

Montag **23** Januar	Wofür bist du heute dankbar?
Dienstag **24** Januar	Wofür bist du heute dankbar?
Mittwoch **25** Januar	Wofür bist du heute dankbar?
Donnerstag **26** Januar	Wofür bist du heute dankbar?
Freitag **27** Januar	Wofür bist du heute dankbar?
Samstag **28** Januar	Wofür bist du heute dankbar?
Sonntag **29** **Januar**	Wofür bist du heute dankbar?

Sie sagte weiter: „Ich habe keine Meinung, keine Bewertung über deinen Raum. Für mich ist er nicht schön und auch nicht hässlich. Er ist, wie er ist.

Ich kann nicht wirklich verstehen, warum du nicht mit mir kommst, wenn du dich so sehr nach mir sehnst. Du wirst schon deine Gründe haben. Ich warte einfach, so lange es nötig ist.
Ich bin ja du. Ich kann gar nicht woandershin.

Liebe ist Energie, die eine bestimmte Frequenz hat. Auch Schuld, Hass, Wut usw. haben ihre Frequenzen.
Ich bin in der Frequenz der Schuld aufgewachsen. Ich wollte, dass die Liebe zu mir kommt und all die Schuld eliminiert, sie von meinen Schultern nimmt, sie weg sprengt, sie wegschafft,… wie sie es macht, ist mir egal.

Das kann die Liebe einfach nicht. Liebe liebt auch die Schuld, auch den Hass oder die Wut.
Liebe liebt alles. Es ist ja die Liebe.

Es geht also nicht darum, etwas wegzuschaffen, es wegzuheilen. Loslassen bedeutet auch nicht wirklich das Negative wegzusperren, es wegzuschicken …
Wir müssen gehen. Wir müssen diese Räume verlassen und der Liebe folgen.
Es bedeutet, sich auf die Liebe auszurichten, sie und nicht die Probleme, Schmerzen und Leid in den Fokus zu stellen.
Der Weg der Selbstliebe ist ein Weg eines Abenteuers. Du gehst ins Nichts – du gehst dahin, wo du noch nie wirklich warst … du besuchst eine Welt, in der die Liebe in allem mitschwingt.
Nicht nur ein bisschen Farbe, hübsche Plakate „… ein paar Blumen in einem dunklen feuchten Raum.

Das erfordert Mut.

Bist du also wirklich bereit dich zu verändern? Mit jeder damit verbundenen Konsequenz????

30. Januar - 5. Februar 2023   **5. KW**

Montag **30** Januar		Wofür bist du heute dankbar?
Dienstag **31** Januar		Wofür bist du heute dankbar?
Mittwoch **1** Februar		Wofür bist du heute dankbar?
Donnerstag **2** Februar		Wofür bist du heute dankbar?
Freitag **3** Februar		Wofür bist du heute dankbar?
Samstag **4** Februar		Wofür bist du heute dankbar?
Sonntag **5** Februar		Wofür bist du heute dankbar?

Selbstwert

Ich bin genauso viel wert wie jeder Mensch.

Ich bin gleichwertig mit jedem Tier.

Ich bin gleich wichtig wie jede Pflanze oder jeder Stein.

Ich bin gleich wert wie Wind oder Sonne.

.

Ich bin so viel wert wie eine Fliege oder Mücke - der mächtigste Mann oder edelster König.

.

Wenn der Verstand zur Seite geht und du über ihn hinausblickst, merkst du...

.

...nichts war je wertiger als du und du warst nie wichtiger als irgendjemand oder irgendwas.

.

Das ewige bewerten - aufwerten und abwerten ist nicht alternativlos.

Ein Läufer kann besser und schneller laufen als ein anderer. Wir können sagen, du bist hier der beste Läufer von allen! ABER! Beide Läufer haben den gleichen Wert.

Einladung an dich:

Beobachte diese Woche deine Gedanken und Empfindungen und schaue, wie oft du dich selbst abwertest oder aufwertest.

Auf meiner Webseite unter www.im-sein.de/meditation

findest du eine wundervolle Übung: **LASS DEIN SELBSTWERT NEU ERSTRAHLEN** (frei)

6. - 12. Februar 2023   6. KW

Montag **6** Februar	Wofür bist du heute dankbar?
Dienstag **7** Februar	Wofür bist du heute dankbar?
Mittwoch **8** Februar	Wofür bist du heute dankbar?
Donnerstag **9** Februar	Wofür bist du heute dankbar?
Freitag **10** Februar	Wofür bist du heute dankbar?
Samstag **11** Februar	Wofür bist du heute dankbar?
Sonntag **12** **Februar**	Wofür bist du heute dankbar?

Das Minderwertigkeitsprogramm löschen

Die Null-Toleranz-Regel

Es scheint nur natürlich, wenn ein Mensch mit Erfolg mehr wert ist als irgendein alkoholkranker leidender „Loser".

Auch dein sowie mein Verstand wurde fleißig konditioniert und mit Bewertungsprogrammen vollgestopft. Kommst du aus einer einigermaßen netten Familie, bemerkst du die Programme oft gar nicht. Die Sehnsucht nach dem besten Auto, den schönsten Hintern oder der Versuch, die perfekte Mutter zu sein. Hinter all dem versteckt sich hinterhältig und leise das Minderwertigkeitsprogramm des Verstandes. Einem Bild zu entsprechen, Erfolg um jeden Preis erreichen, immer wieder Vergleiche mit anderen ziehen und und und. Die Liste ist endlos.

Ich könnte sagen, meine Familie erfand diese Programme regelrecht. Wir waren und sind "die Armen". "Ach, du Arme ..." Ich weiß nicht, wie oft ich diesen Satz gehört hatte.

Dieses ewige bewerten ist so allgegenwärtig, es gehört irgendwie dazu. Oder doch nicht?

Da fahre ich gemütlich mein Auto, wenn ich meinen Verstand wieder mal dabei ertappe, wie er mich mit anderen Menschen vergleicht und mich so gar nicht gut dastehen lässt. Ich bin so unfähig und klein. Was zähle ich schon? Es gibt Tausende, die sind besser als ich. Was habe ich den schon erreicht?
Ich schaffe es sowieso nie. Meine Träume sind lächerlich und überhaupt. Ich bin lächerlich und alt bin ich auch schon...

Die dazu passenden Emotionen werden natürlich gleich mitgeliefert. Das kenne ich alles schon. Meine Familie war so drauf. Danke für das Erbe!

Ich fragte einmal mein Inneres, ob es nötig ist, all die inneren Kinder einzeln zu streicheln, die so unliebsam behandelt wurden, dass sie jetzt in Minderwertigkeit versinken?

13. - 19. Februar 2023   7. KW

Montag **13** Februar	Wofür bist du heute dankbar?
Dienstag **14** Februar	Wofür bist du heute dankbar?
Mittwoch **15** Februar	Wofür bist du heute dankbar?
Donnerstag **16** Februar	Wofür bist du heute dankbar?
Freitag **17** Februar	Wofür bist du heute dankbar?
Samstag **18** Februar	Wofür bist du heute dankbar?
Sonntag **19** Februar	Wofür bist du heute dankbar?

Ich hörte ein lautes und klares NEIN! NULL-TOLERANZ! Ich brauche mir diese Tiraden keine 10 Sekunden mehr anhören. Nie wieder, niemals!

"HE?" Fragt mein Verstand? "Wie? Und wie soll es anders gehen? Ich muss bewerten!!! Ich lernte es so!"

"NEIN! NULL-TOLERANZ. Das musst du nicht!"

Vom Verstand kam nur ERROR. Ratlosigkeit, ein unangenehmes Gefühl des Nichtwissens und dann Stille.

Stille ist wunderbar, denn Stille bedeutet einen Neuanfang. Wenn ich zu diesem Weg NEIN sage, und zwar komplett, heißt es nur eins. Es gibt einen anderen Weg.
Der Verstand kommt ohne Wertesysteme nicht aus. Aber nach welchen Wertesystemen er arbeitet, entscheide ich! Ich, die erwachsene Person mit Erfahrung und Herz am rechten Fleck. Meine inneren Kinder sind mir einfach nur dankbar.
Die Null-Toleranz Challenge, die ich meinem Verstand als Orientierung biete, gefällt irgendwie allen.

Einladung an dich:
Sei dir deiner selbst so bewusst, wie es nur geht. Wende die Null-Toleranz-Regel an: konsequent und kompromisslos. Du musst deinen abwertenden Stimmen nicht einmal zuhören. Wenn du dich dabei ertappst, wie sie loslegen: Stop! Null-Toleranz! Mach dir bewusst, es ist nicht wahr – es kann nicht wahr sein. Alles auf dieser Welt hat den gleichen Wert. Einfach alles. Alles was dich abwertet oder dich höherstellt, ist in Wahrheit eine Illusion, die du teuer bezahlst.

Anm.: Wenn du es nicht immer schaffst, kein Problem. Es kann sein, dass dich die inneren Stimmen dafür fertig machen wollen, dass du sie nicht konsequent genug in die Schranken weist. Da kann man wirklich nur schmunzeln.

20. - 26. Februar 2023   8. KW

Montag **20** Februar	Wofür bist du heute dankbar?
Dienstag **21** Februar	Wofür bist du heute dankbar?
Mittwoch **22** Februar	Wofür bist du heute dankbar?
Donnerstag **23** Februar	Wofür bist du heute dankbar?
Freitag **24** Februar	Wofür bist du heute dankbar?
Samstag **25** Februar	Wofür bist du heute dankbar?
Sonntag **26** Februar	Wofür bist du heute dankbar?

Ich gebe dir kein Almosen,
wenn du ein Bettler bist.

Ich bin aber für dich da, wenn
du dein Bettlerleben aufzugeben
bereit bist.

27. Februar - 5. März 2023   9. KW

Montag **27** Februar	Wofür bist du heute dankbar?
Dienstag **28** Februar	Wofür bist du heute dankbar?
Mittwoch **1** März	Wofür bist du heute dankbar?
Donnerstag **2** März	Wofür bist du heute dankbar?
Freitag **3** März	Wofür bist du heute dankbar?
Samstag **4** März	Wofür bist du heute dankbar?
Sonntag **5** März	Wofür bist du heute dankbar?

Ich BETTLE NICHT um deine Liebe.

Ich bin KEINE Bettlerin und du bist es auch nicht.

Es gab vor einer langen Zeit einen Bettler, der auf einer Kiste saß und bettelte. Eines Tages kam ein weiser Mann zu ihm und sagte: „Ich gebe dir nichts, nur einen guten Rat. Stehe auf und schaue in die Kiste hinein, auf der du dasitzt."

Der Bettler lachte nur traurig über diesen blödsinnigen Rat. „In der Kiste ist nichts, ich sitze seit Jahren darauf!" „Gut" sagte der Weise und ging.

Der Bettler bettelte weiter, aber der Rat des Weisen ging ihm nicht aus dem Kopf. Eines Tages tat er also zum ersten Mal seit langem etwas Neues, stand auf und öffnete seine Kiste. Und was war? Sie war voller Gold.

Diese Geschichte ist ein Knaller, denn sie macht sichtbar, was wir so oft vergessen.

Wir sind, waren und werden niemals Bettler sein.

Wir sitzen die ganze Zeit auf einem riesigen Schatz, eine unerschöpfliche Quelle an Liebe. Wir haben es nur vergessen. Mehr nicht. Mehr nicht.

Wir brauchen um Zuneigung nicht betteln und sind von der Liebe anderer Menschen nicht abhängig.

Es muss kein großes Drama sein, wenn uns jemand verlässt, belügt, kritisiert oder einfach nur Sch….. findet.

Es ist aber ein Drama, solange wir glauben, keine oder nur wenig eigene Liebe zu haben. Dann ist die Liebe, Sympathie, Anerkennung oder Wertschätzung der anderen für uns essenziell. Ohne sie fühlen wir uns leer, verletzt und arm. Wie ein Bettler.

Es geht nur darum sich wieder zu erinnern.

6. – 12. März 2023   10. KW

Montag **6** März	Wofür bist du heute dankbar?
Dienstag **7** März	Wofür bist du heute dankbar?
Mittwoch **8** März	Wofür bist du heute dankbar?
Donnerstag **9** März	Wofür bist du heute dankbar?
Freitag **10** März	Wofür bist du heute dankbar?
Samstag **11** März	Wofür bist du heute dankbar?
Sonntag **12** März	Wofür bist du heute dankbar?

Den Tag neu zu starten.

Nach Jahren doch aufzustehen und in die Kiste zu schauen.

Du bist geliebt - du wurdest schon immer geliebt und wirst immer geliebt werden.

Egal was du getan oder nicht getan hast. Egal was je vorgefallen ist.

Absolut - völlig - total egal.

Die Liebe kommt nicht allein zu dir. Die Liebe liebt alles, auch deine Bettlergestalt.

Wenn du die Liebe willst, wenn du sie richtig fühlen willst, dann musst du aufstehen, du musst aktiv in ihre Richtung schauen, zugeben, dass du sie wert bist.

Du musst sie dir holen - sie erlauben. Von alleine kommt sie nicht, dafür liebt sie dich viel zu sehr. Sie wird jede Entscheidung von dir respektieren.

Hol die Liebe wieder zu dir -steh auf - mach was Neues - öffne wieder die Kiste.

Diese Welt braucht keine Bettler mehr.

13. – 19. März 2023   11. KW

Montag **13** März		Wofür bist du heute dankbar?
Dienstag **14** März		Wofür bist du heute dankbar?
Mittwoch **15** März		Wofür bist du heute dankbar?
Donnerstag **16** März		Wofür bist du heute dankbar?
Freitag **17** März		Wofür bist du heute dankbar?
Samstag **18** März		Wofür bist du heute dankbar?
Sonntag **19** März		Wofür bist du heute dankbar?

Die Geschichte des Bettlers lehrt auch, was zu tun ist.

- Erlaube dir die Tatsache wahrzunehmen, dass du doch kein Bettler bist.

- Tue etwas Neues, etwas anderes, als du die ganzen Jahre bis jetzt getan hast.
Auch wenn du schon Jahre auf deiner Kiste sitzt, ja und? Heute ist ein neuer Tag!

- Steh auf und suche deine Liebe woanders. Höre auf zu betteln – das heißt, deinen Blick nach außen zu richten und zu hoffen, dass dich jemand liebt. Schaue neu. Sieh in dich hinein, in dein Inneres. Entdecke deine Kiste voller „Gold".

- Treffe eine klare Entscheidung: „Mir darf es gut gehen! Es ist mein Geburtsrecht." Es ist ein Grundrecht von uns allen, es ist nur so, dass nicht jeder von diesem Recht Gebrauch macht.

- Richte dein Blick in Richtung Fülle. Schau zuerst, was du bereits hast, was gut funktioniert und fange an, dankbar dafür zu sein.

- Fange an, jeden kleinen liebevollen Schritt zu feiern. Übersehe deine eigenen Gesten der Freundlichkeit dir gegenüber nicht mehr. Du hast dir morgens deinen Kaffee extra lecker gemacht? Wow. Wunderschön.

- Bedanke dich jeden Abend, bevor du schlafen gehst, für alles was du heute geschafft hast.

- Frage dich jeden Tag: „Was kann ich heute tun oder lassen, um mich noch ein Stückchen mehr zu lieben?"

- Öffne dich für Hilfe. Du brauchst nicht alles alleine stemmen.

20. – 26. März 2023   12. KW

Montag **20** Januar	Wofür bist du heute dankbar?
Dienstag **21** Januar	Wofür bist du heute dankbar?
Mittwoch **22** Januar	Wofür bist du heute dankbar?
Donnerstag **23** Januar	Wofür bist du heute dankbar?
Freitag **24** Januar	Wofür bist du heute dankbar?
Samstag **25** Januar	Wofür bist du heute dankbar?
Sonntag **26** **Januar**	Beginn der Sommerzeit — Wofür bist du heute dankbar?

Niemand von uns ist ein Bettler, wir sind innerlich alle reich an Liebe. Die innere Liebesquelle ist unendlich und unerschöpflich.

Wir sind in Wirklichkeit alle Liebesmilliardäre. Wir haben es nur vergessen.

Wir haben vergessen, den Fokus auf die Liebe zu richten, wir sehen den Mangel mehr als die Liebe.

Das Wunderschönste an dieser Geschichte ist die Erinnerung daran, dass wir in Wirklichkeit nichts tun müssen, um uns geliebt zu fühlen. Wir sind es bereits die ganze Zeit.

Auf meiner Webseite unter **www.im-sein.de/meditation**

findest du dazu eine heilsame Übung (frei):

LIEBE IST ÜBERALL IN DIR UND UM DICH HERUM. BEGINNE SIE FÜR DICH ANZUNEHMEN.

27. März – 2. April 2023   13. KW

Montag **27** März	Wofür bist du heute dankbar?
Dienstag **28** März	Wofür bist du heute dankbar?
Mittwoch **29** März	Wofür bist du heute dankbar?
Donnerstag **30** März	Wofür bist du heute dankbar?
Freitag **31** März	Wofür bist du heute dankbar?
Samstag **1** April	Wofür bist du heute dankbar?
Sonntag **2** **April**	Wofür bist du heute dankbar?

Warum ich? Ich kann das nicht!

Wenn du im Leben vor einer so großen Herausforderung stehst, dass du daran zu ersticken drohst – eine Erinnerung an dich.

Der Körper meines Sohnes ist anders als die Körper der meisten. Zu leben ist für seinen Körper keine Selbstverständlichkeit. Ohne Pflege und Fürsorge würde er (ver)gehen. Wie soll man mit so etwas umgehen? Körperlich? Emotional? Finanziell? Solche Situationen passieren. Sie sind plötzlich da und man muss damit umgehen (lernen). Ich hatte nichts, um dies zu tun. Körperlich am Ende, emotional in einem totalen Ausnahmezustand, finanziell sowieso. Ich besaß keine Weisheit, keine Ressourcen. Ich dachte so oft an „Warum ich?" Ich kann das einfach nicht. Warum kommt ein Kind zu so einer Mama wie ich es bin? Ich, die durch Angststörungen und Panikattacken geschwächt war. Schon ganz einfache, normale Dinge waren für mich anstrengend und kaum zu bewältigen und dann das?
Ich soll es machen? ICH???? Das ist ein Witz. Ich konnte mir ohne Panik noch nicht einmal die Schnürsenkel zuschnüren. Und doch. Es gab etwas, dass mir genau dies zugetraut hat. Eine wohlwollende Ordnung des Universums, Gott, wie auch immer du es für dich nennst. Ich hätte nur für mich all meiner Hürden nie genommen. Ich fand mich nicht wichtig genug. Mein Sohn aber ist unschuldig und braucht mich. Es ging nicht anders, ich musste einen Weg für mich/uns finden. Jeden Tag stand ich da und wusste nicht weiter. Jeden Tag war ich aber bereit, weiter zu gehen und eine Lösung zu finden. Der Weg führte mich hierher zur Selbstliebe und Angstfreiheit. Aber dies ist meine Geschichte. Sie soll dir als Erinnerung dienen. Deine Herausforderung ist für dich da. Sie ist nicht da, um dich zu quälen. **Wenn in dir deine persönliche Lösung nicht angelegt wäre, würde es dir auch nicht passieren.** Hättest du dazu nicht die nötige Kraft, Weisheit oder was auch immer du brauchst, würde es dir nicht passieren.

Du hast alles, um es zu meistern. Glaube daran – glaube an dich!

Auf meiner Webseite unter **www.im-sein.de/meditation**

findest du dazu eine gute Übung (frei):

FÜR DIE „SOS" MOMENTE, WENN DU NICHT WEITER WEISST.

3. – 9. April 2023   14. KW

Montag **3** April		Wofür bist du heute dankbar?
Dienstag **4** April		Wofür bist du heute dankbar?
Mittwoch **5** April		Wofür bist du heute dankbar?
Donnerstag **6** April		Wofür bist du heute dankbar?
Freitag **7** April	Karfreitag	Wofür bist du heute dankbar?
Samstag **8** April		Wofür bist du heute dankbar?
Sonntag **9** April	Ostern	Wofür bist du heute dankbar?

NEIN ist dein Grundrecht!

Ein wahres, tiefes NEIN, dass deine innere Wahrheit widerspiegelt ist gleichzeitig ein JA zum Leben.

Ein NEIN, das wie ein Baum in der Erde fest verankert ist.

NEIN, das unumstößlich ist.

NEIN, das klar weiß, was es will und genauso klar, was es nicht will.

Niemand kann es bedrohen, niemand es manipulieren.

Niemand kann an diesem NEIN etwas ändern.

EIN NEIN, das keine Waffen nötig hat.

Ein NEIN und ein JA sind eins.

Sagst du NEIN, sagst du gleichzeitig JA zu etwas anderem.

Diese Welt braucht Visionäre, die klar fühlen, wofür sie stehen.

Fühlst du ein NEIN, dann feiere es ...

Ein NEIN bringt deine Energie in Gang ...

Es ist der erste Schritt, bevor du einen neuen Weg gehst...

Ein NEIN ist der Weg der Heilung.

Ein NEIN OHNE GESCHREI

NEIN, das nicht überzeugen muss

NEIN OHNE KAMPF

10. – 16. April 2023   **15. KW**

Montag **10** April	Ostermontag **Wofür bist du heute dankbar?**
Dienstag **11** April	**Wofür bist du heute dankbar?**
Mittwoch **12** April	**Wofür bist du heute dankbar?**
Donnerstag **13** April	**Wofür bist du heute dankbar?**
Freitag **14** April	**Wofür bist du heute dankbar?**
Samstag **15** April	**Wofür bist du heute dankbar?**
Sonntag **16** April	**Wofür bist du heute dankbar?**

NEIN

Es reicht ….

Ich sage dir nicht, was dein NEIN ist - es ist dein NEIN.

Woher weißt du, dass dein NEIN deine Wahrheit widerspiegelt?

Du hast kein Bedürfnis, jemanden von deinem Standpunkt zu überzeugen. Du kannst jeden dort lassen, wo er gerade ist ….

☐Dein NEIN aber verteidigt dich vor jenen, die ihr wahres NEIN noch nicht gefunden haben.

NEIN hat eine bestimmte Energiefrequenz. Sie ist mächtig, klar und kraftvoll.

Nutze dein NEIN, entdecke es, schmecke es, lerne es kennen …

Ein NEIN wird uns oft regelrecht abtrainiert, abgewöhnt, abgeschafft, mit Stigma belegt ….

JETZT ist aber keine ZEIT mehr dafür …

JETZT ist die ZEIT, sich klar IN DIR SELBST zu positionieren – deiner Wahrheit zu folgen …

Ohne zu schreien, bekämpfen, sich klein zu machen.

JETZT ist die ZEIT, sich hinter sich selbst zu stellen und dort auch zu bleiben ….

Einladung an dich:

Mache dir deine Neins und Jas bewusst und beginne sie zu respektieren. Sobald du diesen Schritt gehst, wirst du merken, dass Menschen um dich herum sie genauso zu respektieren beginnen (müssen).

17. – 23. April 2023   16. KW

Montag **17** April	Wofür bist du heute dankbar?
Dienstag **18** April	Wofür bist du heute dankbar?
Mittwoch **19** April	Wofür bist du heute dankbar?
Donnerstag **20** April	Wofür bist du heute dankbar?
Freitag **21** April	Wofür bist du heute dankbar?
Samstag **22** April	Wofür bist du heute dankbar?
Sonntag **23** April	Wofür bist du heute dankbar?

ES DARF LEICHT SEIN!!!!!! Das Leben darf LEICHT SEIN. Verstand sagt: "Na klar du Spinner! Der Rest sagt:

Ich schaue hinter die Illusion der Begrenzung und hinter den Horizont von Schmerz und Leid. Was ich sehe, bin ICH - in meiner wahren Größe.

Kein Kampf mehr, kein Leid ist nötig. Mein wahres Sein beinhaltet das gesamte Wissen meiner ganzen Existenz. Es kennt keine Begrenzungen durch Zeit und Raum. Es kennt meine Wünsche, bevor ich sie kenne.

Wozu soll ich noch was tun? Warum an mir arbeiten? Was soll noch gebessert werden? Entweder bleibe ich klein und tue alles, um der Welt und Gott zu gefallen oder ich erkenne, wer ich wirklich bin.
Das Menschenleben ist wie ein verdammt gut gemachtes Computerspiel. Ich wählte den Körper, in dem ich wirke, ich wählte die Landschaft und die Bedingungen, in die ich geboren wurde. Ich reise durch die Ewigkeit und existiere.

Ich bin der Spieler, der über mein Leben bestimmt. Entweder identifiziere ich mich mit der Spielfigur im Spiel des Lebens oder ich verbinde mich mit dem Spieler.
Entweder denke, tue und handle ich, wie mich das Spiel lehrte oder ich lass es sein. Ich wende meinen Blick in die Tiefe, erkenne und sehe den Spieler in mir das, was ich wirklich bin.

Wie furchterregend ist mein Leben noch? Gar nicht. Freude, Lust und Fülle fließen durch meine Spielfigur, durch meine "kleine" Persönlichkeit. Ich lasse es geschehen, ich gebe mich hin.

Meine wahre Existenz kennt meine Wünsche, bevor ich sie kenne - warum sollte ich noch etwas tun? Ich lasse lieber durch mich geschehen, ich gebe mich der eigenen Weisheit hin.

Auf meiner Webseite unter **www.im-sein.de/meditation**

findest du dazu DIE perfekte Übung (frei):

ES DARF EINFACH SEIN. EMPFANGE BEDINGUNGSLOSE FÜLLE

24. – 30. April 2023   17. KW

Montag **24** April		Wofür bist du heute dankbar?
Dienstag **25** April		Wofür bist du heute dankbar?
Mittwoch **26** April		Wofür bist du heute dankbar?
Donnerstag **27** April		Wofür bist du heute dankbar?
Freitag **28** April		Wofür bist du heute dankbar?
Samstag **29** April		Wofür bist du heute dankbar?
Sonntag **30** April		Wofür bist du heute dankbar?

Ich fordere Respekt

Respekt ist das, was du immer und unter allen Umständen fordern und erwarten darfst: ohne Ausnahme!

Ich fordere Respekt! Du brauchst nicht mit mir der gleichen Meinung sein. Du musst mich noch nicht mal gut finden. Du kannst über mich denken, was du willst, aber wenn du mir gegenüberstehst, wenn du mir was zu sagen hast, dann fordere ich Respekt!

Bist du dazu nicht in der Lage, gut. Unsere Kommunikation ist beendet, bis du es bist. Punkt! Mehr gibt es dazu nicht zu sagen. Ich habe das Recht, respektiert zu werden und ich nehme mir dieses Recht. Ausnahmslos. Bedingungslos.

Ich bin selbst bereit, dich zu respektieren. Du darfst sein und bleiben, wie du bist. Wenn ich dich nicht gut finde, lerne ich damit klar zu kommen. Aber ich stehe vor dir und ich respektiere dich – darum fordere ich Respekt.

Ich fordere auch Respekt von meinen inneren Stimmen, von meinen eigenen Gedanken. Ich bin kein bisschen bereit, mich kleinreden lassen, mich beschimpfen oder auslachen zu lassen. Nicht einmal mein eigener Verstand wird mich so behandeln.

Ich brauche mich toxischen Gedanken nicht zuwenden. Sie kommen vielleicht aus meiner Vergangenheit, oder sie kommen von sonst woher. Diese Welt ist voll von toxischen Erfahrungen. Müssen es weiter die meinen sein? Muss ich damit leben? Muss ich?

Nein! Ich habe eine Wahl und dieses Wahlrecht nehme ich in Anspruch. Ich kann nicht verhindern, dass mir Respektlosigkeit begegnet – innen oder außen. Ich kann aber entscheiden, wie ich ihr begegne.

1. – 7. Mai 2023   18. KW

Montag **1** Mai	Tag der Arbeit	**Wofür bist du heute dankbar?**
Dienstag **2** Mai		**Wofür bist du heute dankbar?**
Mittwoch **3** Mai		**Wofür bist du heute dankbar?**
Donnerstag **4** Mai		**Wofür bist du heute dankbar?**
Freitag **5** Mai		**Wofür bist du heute dankbar?**
Samstag **6** Mai		**Wofür bist du heute dankbar?**
Sonntag **7** Mai		**Wofür bist du heute dankbar?**

Ich habe eine Wahl. Jeder hat sie! Ich kann nicht verhindern, dass mir toxische Gedanken begegnen, aber ich kann entscheiden, ob sie meine Aufmerksamkeit bekommen. Begieße ich sie wie Blumen mit meiner Energie? Lasse ich sie damit in mir wachsen und gedeihen? Ich habe die Wahl. Ja oder Nein.

Wenn du das Gefühl hast, keine Wahl zu haben …. wähle NEU …bis du das Gefühl hast, du hast eine Wahl.

So einfach ist es …

Ich fordere Respekt und doch bleibe ich offen. Ich kann deinen oder auch meinen Schmerz sehen, ich kann Überforderung, Angst und Unsicherheit wahrnehmen. Ich verschließe meine Augen nicht, mein Geist bleibt offen, ich brauche aber trotzdem keine Respektlosigkeit dulden. Auch das ist Selbstliebe.

Ich fordere Respekt. Welchen Weg wähle ich? Ich kann den Weg des Krieges wählen, laut sein und in den Kampf ziehen. Ich kann auch den Weg des alten Weisen gehen und mir eine neue Haltung erlauben. Ich kann Respekt durch mich fließen lassen, ihn fühlen, schmecken, sehen und ertasten. Ich habe auch hier eine Wahl.

Ich kann dich respektieren, das bedeutet. Ich kann dich so sein lassen, wie du bist. Ich habe keinen Drang, dich zu verändern. Ich gebe dir Freiheit und ich gebe sie mir selbst.

Einladung an dich:

Wenn du genau mit diesem Thema ein Problem hast oder es dir schwerfällt, Grenzen zu setzen, lies meinen Text so oft und so lange, bis es dir in Fleisch und Blut übergegangen ist. Deine Persönlichkeit verdient diese Veränderung. Du kannst natürlich gerne auch in deinen Wörtern deinen eigenen Text verfassen. Bleib dabei mindestens 21 Tage.

8. – 14. Mai 2023   19. KW

Montag **8** Mai	Wofür bist du heute dankbar?
Dienstag **9** Mai	Wofür bist du heute dankbar?
Mittwoch **10** Mai	Wofür bist du heute dankbar?
Donnerstag **11** Mai	Wofür bist du heute dankbar?
Freitag **12** Mai	Wofür bist du heute dankbar?
Samstag **13** Mai	Wofür bist du heute dankbar?
Sonntag **14** Mai	Wofür bist du heute dankbar? Muttertag

Dein Blick weitet sich, deine Perspektive wächst. Du siehst dich in deiner wahren Größe, die Zeit und den Raum überblickend.

Du gehst in dir auf, du expandierst und implodierst gleichzeitig in dir selbst. Was du bist, was du warst und was du noch sein wirst, verschmilzt und wird eins.

Du siehst den Himmel und fühlst, du bist ein Teil von ihm, du siehst die Erde, die Bäume und das Wasser, du bist ein Teil der Existenz.

Es gibt nichts mehr, was dich verletzen kann. Du stehst über den Dingen, du bist aber auch mitten drin. Die Welt und die Menschen berühren dich, aber nichts kann dich angreifen oder Macht über dich ausüben. Wie könnte es. Deine Präsenz füllt dich aus. In dir und um dich herum bist du - deine Energie, deine Liebe zu dir selbst. Alles fühlt sich warm und geborgen an.

Die Welt lächelt dir zu. Deine Zukunft winkt dir freundlich, deine Vergangenheit verabschiedet sich mit einem weichen, tiefen Atemzug. Du bist in deiner Mitte - da, wo alles geschieht. Wo alles anfängt und alles wieder zurückkehrt. Du bist ein Teil der Existenz. Du existierst. Du bist einfach.

Du suchst nach keinen Grenzen, du brauchst dich auch nicht mehr abgrenzen. Deine Präsenz umhüllt dich wie eine warme, schützende Decke. Sie wärmt dich, sie kennt dich. Nichts, was negativ ist, nichts, was Gewalt im Sinn hat, kann dich verletzten. Für die Dunkelheit bist du einfach unsichtbar. Sie wird dich meiden, sie wird dir aus dem Weg gehen.

Deinen besten Schutz und die tiefste Geborgenheit findest du in deiner Mitte.

15. – 21. Mai 2023   20. KW

Montag **15** Mai		Wofür bist du heute dankbar?
Dienstag **16** Mai		Wofür bist du heute dankbar?
Mittwoch **17** Mai		Wofür bist du heute dankbar?
Donnerstag **18** Mai	Christi Himmelfahrt	Wofür bist du heute dankbar?
Freitag **19** Mai		Wofür bist du heute dankbar?
Samstag **20** Mai		Wofür bist du heute dankbar?
Sonntag **21** Mai		Wofür bist du heute dankbar?

Der Fokus macht (echt) den Unterschied

Ich wohne in Franken und ich glaube, die Menschen hier haben das Problem-Eliminierungsprogramm im Verstand schon fast perfektioniert.

Die Augen werden auf das gerichtet, was nicht klappt und nicht funktioniert. Viele Gespräche fangen mit diesem Satz an: „Das Problem ist …"

Dann hängen sie mit grauen, gesenkten Gesichtern herum und tauschen sich über Probleme aus. Wo man auch hinsieht, überall nur Probleme.

Dann macht man die Kiste an und was gibt es Neues in der Welt? Ach so, neue Probleme! Wie wunderbar.

Das Problem-Eliminierungsprogramm ist eine Konditionierung des Verstandes. Er lenkt unsere Aufmerksamkeit auf alles, was nicht funktioniert. Das wäre ja an sich nichts Schlechtes, wenn er das, was gut läuft und funktioniert, nicht unter die Kategorie – selbstverständlich – abspeichern würde.

Was selbstverständlich ist, ist sozusagen abgehakt. Kein Lob, Würdigung oder Anerkennung ist nötig.

Dann hat man keinen Blick für die schönen „Kleinigkeiten" des Alltags. Keine Freude mehr über einen vollen Kühlschrank, das schlagende Herz oder ein warmes Bett.

Ist dein Problem-Eliminierungsprogramm auch so überaktiv? Wenn ja, mach dir nichts daraus. Es scheint in der Gesellschaft schon überhandzunehmen. Du bist nun mal ein Herdentier, da wird man mal schnell einfach so mitgerissen.

Bitte nicht falsch verstehen, ich will vor keinen Problemen weglaufen oder so. Kann man ja sowieso nicht.

Aber überall nur noch Probleme wahrzunehmen, sich mit Problemen herumzuplagen und Probleme lösen zu wollen, ist öde, furchtbar anstrengend und bringt außer noch mehr Probleme fast nichts.

22. – 28. Mai 2023   21. KW

Montag **22** Mai	Wofür bist du heute dankbar?
Dienstag **23** Mai	Wofür bist du heute dankbar?
Mittwoch **24** Mai	Wofür bist du heute dankbar?
Donnerstag **25** Mai	Wofür bist du heute dankbar?
Freitag **26** Mai	Wofür bist du heute dankbar?
Samstag **27** Mai	Wofür bist du heute dankbar?
Sonntag **28** Mai	Pfingsten — Wofür bist du heute dankbar?

Der neuausgerichtete Fokus kann schnell Linderung schaffen.

Denn egal welche Probleme man hat, und auch echt egal wie viele, es gibt immer etwas, was auch gut läuft.

Der Kühlschrank ist voll, die Beine funktionieren, dein Herz schlägt, der Partner ist vielleicht heute echt nervig, aber hey – er ist am Leben. Dein Auto ist alt und hässlich, aber es fährt. Du hast wenig Geld, aber du bist satt und schläfst in einem warmen Bett.

Ich könnte ewig so weiter machen, soll ich?

Ich weiß, dieser Beitrag bringt dir jetzt keine von dir nie gehörte oder gesehene Weisheit mit, nimm es aber als eine Erinnerung oder auch Ermutigung.

Wofür bist du dankbar? Was läuft richtig gut? Ich frage dich das jeden Tag, schon gemerkt? :-)

_____

_____

_____

_____

_____

_____

_____

_____

_____

_____

29. Mai – 4. Juni 2023   22. KW

Montag **29** Mai	Pfingstmontag	Wofür bist du heute dankbar?
Dienstag **30** Mai		Wofür bist du heute dankbar?
Mittwoch **31** Mai		Wofür bist du heute dankbar?
Donnerstag **1** Juni		Wofür bist du heute dankbar?
Freitag **2** Juni		Wofür bist du heute dankbar?
Samstag **3** Juni		Wofür bist du heute dankbar?
Sonntag **4** Juni		Wofür bist du heute dankbar?

Die ungefilterte Wahrheit über dich selbst

Die Wahrheit über sich selbst anzuerkennen ist wie ein Sprung von der Klippe.

Die ungefilterte Wahrheit ist so krass – so unglaublich – dass sie die übliche Vorstellung davon, wer wir sind, völlig sprengt.

Wir fürchten die nackte Wahrheit über uns. Wer weiß, was wir entdecken?

Wir haben es so genial geschafft, die Wahrheit zu vergessen. Wir sind wahre Schöpfer – wir sind Magier.

Wie kann ein Wesen seine eigene Unsterblichkeit vergessen?
Seine wahre Größe?

Wie können wir vergessen, dass wir immer wieder geboren werden und immer wieder nach Hause – zu sich selbst – wiederkehren.

Wir vergessen all die Weisheit – all die geballte Liebe – all die Power unserer Existenz.

Es ist ein Wunder all das zu vergessen.
Es ist aber auch ein Wunder, sich wieder zu erinnern.

Sobald die nackte Wahrheit an der Tür klopft, ist man erstmal baff!
Sie ist so anders als das, was man denkt – was man glaubt zu wissen.
Wie seltsam sehen dann all die Sorgen oder Ängste aus?

Oh, mein Körper ist zu dick!
Oh, ich bin so arm.
Oh, ich muss mich in der Ehe anschreien lassen.
Oh …
Oh …

Es ist so krass, die Wahrheit zu vergessen.

Der Weg der Selbstliebe – der Weg, sich wieder zu erinnern.
Liebe dich zuerst und die Erinnerung wird immer stärker …

5. – 11. Juni 2023   23. KW

Montag **5** Juni		Wofür bist du heute dankbar?
Dienstag **6** Juni		Wofür bist du heute dankbar?
Mittwoch **7** Juni		Wofür bist du heute dankbar?
Donnerstag **8** Juni	Fronleichnam	Wofür bist du heute dankbar?
Freitag **9** Juni		Wofür bist du heute dankbar?
Samstag **10** Juni		Wofür bist du heute dankbar?
Sonntag **11** Juni		Wofür bist du heute dankbar?

Wir sind hier, um uns zu erinnern, wer wir wirklich sind.

Wer bin ich, wenn ich kein Mensch bin?
Wer bin ich, wenn ich keinen Körper habe?
Wer bin ich, wenn ich nicht Silvia heiße?
Bin ich dann noch?
Ja! Das weiß ich! Woher? Keine Ahnung. Ich kann mich nicht mehr wirklich erinnern.

Ich fühle es! Ich spüre es! Es ist so wahr, wie das Atmen.
Mein Körper ist ein Avatar. Ich habe ihn mir ausgesucht. Ich bestimmte, wann und wo ich geboren werde.
Ich entschied über die Umstände.
Ich beschloss mich in diesem Leben wieder zu erinnern.
Hier, auf der Erde. In einem menschlichen Körper.

Ich bin unsterblich – ich reise durch die Welten – ich benutze Avatare, um mich zu erfahren.
Ich bin ein Teil einer Gemeinschaft.
Ich habe einen tiefen Respekt vor der Menschheit.
Zu vergessen, wer man wirklich ist, ist das Schmerzhafteste, was einem Wesen passieren kann.
Das Große und Ganze ist voller Verbundenheit.
Die Erfahrung eines Menschen ist voller Trennung und Mangel.
Die Erfahrung des Verlassens eines Paradieses.
Und das Vergessen darüber.

Warum?
Die ewigen Fragen. Stellte ich etwas an? War ich nicht würdig genug?

12. – 18. Juni 2023   24. KW

Montag
12
Juni

Wofür bist du heute dankbar?

Dienstag
13
Juni

Wofür bist du heute dankbar?

Mittwoch
14
Juni

Wofür bist du heute dankbar?

Donnerstag
15
Juni

Wofür bist du heute dankbar?

Freitag
16
Juni

Wofür bist du heute dankbar?

Samstag
17
Juni

Wofür bist du heute dankbar?

Sonntag
18
Juni

Wofür bist du heute dankbar?

Was muss ich tun, um wieder im Paradies zu sein?

Was für eine Entscheidung! Was für eine krasse Entscheidung zu vergessen, wer man wirklich ist.

Wie viel Schmerz, Leid und Böses ist dadurch entstanden.

Ich bin hier, um mich zu erinnern. Ich bin hier, um in die Verbundenheit zurückzukehren.
Ich bin hier, um wieder in das Paradies zurückzukehren.
Ich könnte jetzt gehen, ich könnte die Erde verlassen.

Ich bleibe, ich bleibe, um diese Wahrheit auszustrahlen.
Du hast selbst entschieden, das Paradies zu verlassen. Du hast es selbst entschieden. Du kannst auch entscheiden, es wieder in dir zu finden.
Erlaube die Erinnerung. Es ist alles was zu tun ist.

Auf meiner Webseite unter **www.im-sein.de/meditation**
findest du dazu DIE perfekte Übung/Erinnerung (frei):

DU BIST EIN GESCHENK

19. – 25. Juni 2023   25. KW

Montag **19** Juni	Wofür bist du heute dankbar?
Dienstag **20** Juni	Wofür bist du heute dankbar?
Mittwoch **21** Juni	Wofür bist du heute dankbar?
Donnerstag **22** Juni	Wofür bist du heute dankbar?
Freitag **23** Juni	Wofür bist du heute dankbar?
Samstag **24** Juni	Wofür bist du heute dankbar?
Sonntag **25** Juni	Wofür bist du heute dankbar?

Ich bin nicht richtig. Ich gehöre nicht hierher. Kennst du das? Ich auch

Schon als Kind, egal wo ich war oder was ich tat. Irgendwie konnte ich dazu keine Verbindung herstellen. Ich konnte mich nirgends wirklich einreihen.

Ich fühlte mich ganz allein - mitten von Menschen. Ich lachte, weil sie lachten. Ich spielte, was sie spielten. Aber innerlich war nichts da. Nur ein Gefühl, es ist nicht richtig. Wo bin ich?

Und warum zum Kuckuck ist es hier so seltsam? Was mir gelehrt wurde, interessierte mich nicht. Was mir als Wahrheit präsentiert wurde, fand ich seltsam.

Ich wollte schon unzählige Male einfach wieder nach Hause. Weg von der Erde, weg vom Menschsein. Ich fühlte mich so dermaßen einsam, egal mit wem ich war oder was ich tat. Sogar beim Sex. Sich beim Akt einsam zu fühlen, ist schon eine Leistung. Ich versuchte darüber zu sprechen, aber was sollte ich schon sagen? Als ich ab und zu erwähnte, dass mich der Tod magisch anzieht, erschraken alle nur schrecklich. Ich verstand nicht, warum. Sterben ist doch wunderschön. Es ist der Weg nach Hause.

Meine Aufgabe ist es, sich zu erinnern. Meine Bestimmung ist es, eine neue Verbundenheit herzustellen. Ein Mensch muss den Tod nicht fürchten. Meine Aufgabe ist es, die Welt hinter dem Tod mit dem Leben eines Menschen zu verbinden. Die Wahrheit in sich zu erkennen. Sich einfach wieder zu erinnern, wer ich wirklich bin, wenn ich kein Mensch bin.

Die Sehnsucht, sich zu erinnern, war so stark, sie überstrahlte alle anderen Bedürfnisse. Ich fühlte mich so einsam, weil ich die Verbundenheit mit mir selbst so sehr vermisste.

Das Vergessen dessen, wer wir wirklich sind, ist so unglaublich …

Das können nur wir, wir die mutigen Seelen auf der Erde, wirklich nachvollziehen.

Wie tief das Vergessen sein kann und was für ein Weg es ist, sich wieder zu erinnern.

26. Juni – 2. Juli 2023   26. KW

Montag **26** Juni		Wofür bist du heute dankbar?
Dienstag **27** Juni		Wofür bist du heute dankbar?
Mittwoch **28** Juni		Wofür bist du heute dankbar?
Donnerstag **29** Juni		Wofür bist du heute dankbar?
Freitag **30** Juni		Wofür bist du heute dankbar?
Samstag **1** Juli		Wofür bist du heute dankbar?
Sonntag **2** Juli		Wofür bist du heute dankbar?

Ich liebe mich – ich liebe dich – ich liebe … ich liebe … ich liebe

Liebe auch – liebe JETZT – warte nicht – keinen Augenblick mehr …

Wo Liebe ist, ist kein Leid … Wo Liebe ist, ist keine Angst …

Die Liebe ist eine Frequenz – sie ist ein Feld – eine Ebene – absolut real – sie ist wirklich – sie ist da – sie ist die ganze Zeit da und geht nirgendwo hin …

Wo sind deine Aufmerksamkeit und wo dein Fokus? Da bist du!

Bist du auf der Oberfläche? Lässt du dich von den Wellen mitreisen – von den Stürmen mitnehmen?

Wem glaubst du? Was ist WAHR für dich?

Was glaubst du zu verdienen? Was glaubst du, wer du bist?

Nichts ist in Stein gemeißelt – nichts unveränderbar.

Du darfst dich lieben, die Liebe fühlen - in allem und in jedem. Wo sind dann die Probleme der Welt und wo ist die Angst?

In jedem Menschen – in jedem Tier – in jedem Baum – sogar in deinem Auto oder in deiner Tasse Kaffee. In allem ist die Liebe.

Sie ist da, wenn du die alte Brille absetzt – die Filter des Mangels, des Leides, der Beschränkung, der Manipulation.

Niemand kann dich je zwingen, diese Brille zu tragen. Du trägst sie, weil du vergessen hast, dass du sie hast.

Liebe ist real, sie ist absolut real und wirklich und sie ist da. Sie ist überall in dir und um dich herum.

Tauche ab - unter die Wellen, unter das Gewusel der Welt, tauche ab …. folge der leisen Stimme.

Es ist real – ist absolut real. Es ist kein Traum. In dir ist Frieden.

3. – 9. Juli 2023   27. KW

Montag **3** Juli		Wofür bist du heute dankbar?
Dienstag **4** Juli		Wofür bist du heute dankbar?
Mittwoch **5** Juli		Wofür bist du heute dankbar?
Donnerstag **6** Juli		Wofür bist du heute dankbar?
Freitag **7** Juli		Wofür bist du heute dankbar?
Samstag **8** Juli		Wofür bist du heute dankbar?
Sonntag **9** Juli		**Wofür bist du heute dankbar?**

Als ich zum ersten Mal hörte, dass man ein Leben lang ganz OHNE LEID sein kann – dass ich mir selbst die Opferrolle überstülpe - wurde ich erstmal sauer!!!

Du hast keine Ahnung, was ich durchgemacht habe! Was ich alles schon erlebt habe! Schau dich um, schau dich in der Welt um – so viele leiden, hungern, werden versklavt, missbraucht, niedergemacht. Sie sind arm, ihre Kinder sterben ihnen auf den Armen.

Was soll der Scheiß?! Was soll der Kack!! Was ist das für ein esoterisches Blödsinn!

Oh Mann, ich war in Fahrt. Leid war überall – in mir und um mich herum. Meine Eltern litten, meine Vorfahren litten, die Menschen um mich herum leiden und die weiter weg in Afrika oder so, die leiden noch mehr.

Leid war für mich alternativlos. Leid ist eine Tatsache und einfach da. So wie die Sonne und die Wolken. Ich muss damit klarkommen, es akzeptieren. Im besten Fall muss ich es bekämpfen, einen Weg herausfinden. Aber auch wenn ich das alte Leid loswerde, ein Neues kann über mich hereinbrechen.

Leid ist kein Schmerz oder Trauer. Leid ist Energie, die sich nicht bewegt – die feststeckt – die sich vom Leben abwendet. Leid tut weh, Leid bringt auch Trauer mit sich, sie ist aber viel viel mehr.

Leid ist eine Lebenseinstellung – die Haltung eines Opfers.

Leid entsteht nur, wenn man NEIN zum Leben sagt und sich nicht stellt. Wenn man meint, zu klein – zu unfähig zu sein, es zu tun.

Wenn man das Gefühl hat, etwas im Außen – außerhalb von mir – muss die Dinge für mich regeln. Wenn man nicht in der Lage ist, den Dingen direkt in die Augen zu blicken, wenn man sich versteckt, sich totstellt, jammert, beklagt ….

Wir sind keine Opfer, wir sind Schöpfer. Wir erschaffen unser Leben, egal wie es aussieht. Wir sind es, die es tun – also sind wir es auch, die den Kurs ändern können. Wir sind keine Opfer.

Ohne unser Einverständnis geschieht uns nichts.

10. – 16. Juli 2023   28. KW

Montag **10** Juli	Wofür bist du heute dankbar?
Dienstag **11** Juli	Wofür bist du heute dankbar?
Mittwoch **12** Juli	Wofür bist du heute dankbar?
Donnerstag **13** Juli	Wofür bist du heute dankbar?
Freitag **14** Juli	Wofür bist du heute dankbar?
Samstag **15** Juli	Wofür bist du heute dankbar?
Sonntag **16** Juli	Wofür bist du heute dankbar?

Du bist KEIN Opfer, sondern ein SCHÖPFER.

OHNE dein Einverständnis geschieht **NICHTS!**

17. – 23. Juli 2023   29. KW

Montag **17** Juli		Wofür bist du heute dankbar?
Dienstag **18** Juli		Wofür bist du heute dankbar?
Mittwoch **19** Juli		Wofür bist du heute dankbar?
Donnerstag **20** Juli		Wofür bist du heute dankbar?
Freitag **21** Juli		Wofür bist du heute dankbar?
Samstag **22** Juli		Wofür bist du heute dankbar?
Sonntag **23** Juli		Wofür bist du heute dankbar?

Die Haltung des Schöpfers
IN DIR,
die (be)wirkt:

"Ich weiß, wer ich bin,
was ich kann und
was ich tue"

24. – 30. Juli 2023   30. KW

Montag **24** Juli	**Wofür bist du heute dankbar?**
Dienstag **25** Juli	**Wofür bist du heute dankbar?**
Mittwoch **26** Juli	**Wofür bist du heute dankbar?**
Donnerstag **27** Juli	**Wofür bist du heute dankbar?**
Freitag **28** Juli	**Wofür bist du heute dankbar?**
Samstag **29** Juli	**Wofür bist du heute dankbar?**
Sonntag **30** Juli	**Wofür bist du heute dankbar?**

Ich nehme jeden Tag eine Schöpfer-Haltung an:

"Ich weiß,

wer ich bin,

was ich kann und

was ich tue."

31. Juli – 6. August 2023   31. KW

Montag **31** Juli	**Wofür bist du heute dankbar?**
Dienstag **1** August	**Wofür bist du heute dankbar?**
Mittwoch **2** August	**Wofür bist du heute dankbar?**
Donnerstag **3** August	**Wofür bist du heute dankbar?**
Freitag **4** August	**Wofür bist du heute dankbar?**
Samstag **5** August	**Wofür bist du heute dankbar?**
Sonntag **6** August	**Wofür bist du heute dankbar?**

Im Schöpfermodus weiß ich,
kann ich und ich tue es.

Im Opfermodus zweifle ich,
fürchte ich, jammere und warte.

Ich wähle

in jedem Moment

neu

7. – 13. August 2023   32. KW

Montag **7** August	Wofür bist du heute dankbar?
Dienstag **8** August	Wofür bist du heute dankbar?
Mittwoch **9** August	Wofür bist du heute dankbar?
Donnerstag **10** August	Wofür bist du heute dankbar?
Freitag **11** August	Wofür bist du heute dankbar?
Samstag **12** August	Wofür bist du heute dankbar?
Sonntag **13** August	Wofür bist du heute dankbar?

Bist du auch im Opfermodus unterwegs?

Schau dir diese Checkliste an.

- Du stehst morgens selten mit einem fröhlichen, vorfreudigen Gefühl aus dem Bett
- Du meinst, du bist nichts Besonderes
- Du jammerst gerne und viel
- Du bist hart zu dir und zu anderen
- Du bewertest dich und andere in einer Tour. Wer ist besser und wer ist schlechter? Das musst du für dich klären
- Du vergleichst dich
- Du hast null das Gefühl, dass du ein Geschenk für diese Welt bist
- Du liest oder schreibst viel über das Unglück oder Ungerechtigkeit dieser Welt
- Du fühlst dich ausgeliefert
- Du hast das Gefühl, vieles nicht selbst in der Hand zu haben.
- Du regst dich über Politik, Weltgeschehen oder andere Menschen auf
- Du bist ständig dabei, dich zu reparieren und zu heilen
- Du hast das Gefühl, nicht richtig zu sein
- Du hast das Gefühl, nicht gut genug zu sein
- Du fühlst dich erhaben oder anderen überlegen
- Du hast das Bedürfnis, andere zu retten oder zu belehren
- Du fühlst dich ohnmächtig oder du hast das Gefühl, es wird über dich bestimmt ohne dein Einverständnis
- Du hast Leid erfahren und versuchst seitdem mit allem Mitteln weiteres Leid zu vermeiden

…. Ich könnte die Liste ewig weiter schreiben

14. – 20. August 2023   33. KW

Montag **14** August		Wofür bist du heute dankbar?
Dienstag **15** August	Mariä Himmelfahrt	Wofür bist du heute dankbar?
Mittwoch **16** August		Wofür bist du heute dankbar?
Donnerstag **17** August		Wofür bist du heute dankbar?
Freitag **18** August		Wofür bist du heute dankbar?
Samstag **19** August		Wofür bist du heute dankbar?
Sonntag **20** August		Wofür bist du heute dankbar?

Ich kenne kaum jemanden, der sich in der Checkliste nicht mehr oder weniger selbst wiederfindet – mich eingeschlossen natürlich. Das Opferbewusstsein ist ein Teil des menschlichen Bewusstseins geworden. Es macht unsere Identität aus. Ein Opfer ist erst mal ein Teilnehmer an einem Geschehen, für das er nichts kann – Krieg, Gewalt (psychisch, physisch, wie auch immer…), Hungersnöte usw.

Im Opfermodus hat man das Leid als Teil seiner Identität akzeptiert. Es beschreibt eine Haltung – eine Einstellung zum Leben. Ein Opfer fühlt sich klein, unbedeutend und abhängig vom Wetter, der Wirtschaft, dem Status der Umgebung usw. Es fühlt sich wie ein Schiff, dass durch die Meere getrieben wird und das Einzige, was ihn wahrlich retten kann, ist ein Gott im Außen.

Ein Schöpfer erkennt alles, was ist – ist SEINE Energie. Er übernimmt das Ruder seines Schiffes. Er bestimmt über sein Leben. Wie oft hast du bereits gelesen: „Du hast eine Wahl! Du hast immer eine Wahl!" Und hast du es verinnerlicht, deinem Leben einen neuen Kurs gegeben? Wenn nicht, warum? Weil der Opfermodus in dir wirkt und lebt. Weil es ein Teil deiner Identität sowie ein Teil der Identität von uns allein ist. Es ist so omnipräsent, so üblich, dass es gar nicht mehr auffällt oder infrage gestellt wird.

Es ist sogar oft so, dass viele Menschen diese Identität aufs Blut verteidigen. Wenn du dann um die Ecke kommst und behauptest, ein Schöpfer zu sein, wirst du belächelt oder als Träumer abgetan. Niemand ist gänzlich frei vom Opferbewusstsein – es sei denn – er hat sich bereits befreit.

Ein Schöpfer ist souverän, handelt eingeständig, ist unabhängig. Du hast eine Wahl!!! Du hast immer eine. Du bist kein Opfer, in Wirklichkeit ist es niemand. Wir sind alle Schöpfer … du auch.

Selbstliebe ist eine Wahl – Selbstvertrauen ist eine Wahl – Erfolg ist eine Wahl – Gesundheit ist eine Wahl – alles – alles – AAAAAAlles ist eine Wahl!!!!

21. – 27. August 2023   34. KW

Montag **21** August		Wofür bist du heute dankbar?
Dienstag **22** August		Wofür bist du heute dankbar?
Mittwoch **23** August		Wofür bist du heute dankbar?
Donnerstag **24** August		Wofür bist du heute dankbar?
Freitag **25** August		Wofür bist du heute dankbar?
Samstag **26** August		Wofür bist du heute dankbar?
Sonntag **27** August		Wofür bist du heute dankbar?

SEI DU SELBST!

WIE OFT hast du diesen Satz schon gehört????

..und dann kommt gleichzeitig das

ABER

sei dabei dünn,
achte auf deinen Lebensstil,
ernähre dich gesund,
treibe Sport,
sei erfolgreich (also verkaufe lieber nichts bei McDonald's, putze keine Bahnhofstoiletten oder sitze an der Kasse bei Norma!),
sei liebevoll zu deinen Kindern – was du mit deinen Kindern veranstaltest, prägt sie für ihr Leben und DU bist dafür verantwortlich,
sei attraktiv,
eine gute, interessante Partnerin,
sei gut im Bett,
sei nett, hilfsbereit, verständnisvoll, aber auch durchsetzungsfähig, taff und eigensinnig,
usw. usw. usw.

Aber die HAUPTSACHE ist: Du bist du selbst!!!!

WTF???

Ich bin nach den gängigen Vorstellungen einer coolen Socke der absolute Versager. Mein Leben scheint von außen stinklangweilig zu sein. Ich will irgendwie auch keine Millionen verdienen, auf den Seychellen Cocktail schlürfen, ich will nicht beklatscht, die beste Mutter ever werden. Ich esse, was mir schmeckt – grundsätzlich und immer!

Die Wahrheit ist: „Wir sind alle einzigartig" ist kein leerer, dämlicher Spruch, sondern eine absolute Tatsache.

28. August – 3. September 2023   35. KW

Montag **28** August		Wofür bist du heute dankbar?
Dienstag **29** August		Wofür bist du heute dankbar?
Mittwoch **30** August		Wofür bist du heute dankbar?
Donnerstag **31** August		Wofür bist du heute dankbar?
Freitag **1** September		Wofür bist du heute dankbar?
Samstag **2** September		Wofür bist du heute dankbar?
Sonntag **3** September		Wofür bist du heute dankbar?

Der Körper ist ein Unikat, die durchgemachten Erfahrungen, der Seelenursprung, all die Inkarnationen, die Bestimmung ….aaaalles, einfach aaalles.

Unser Verstand liebt es konform, er liebt gleiche Muster und Modetrends. Er erschafft sie ja auch.

Vor 120 Jahren warst du als Frau cool, wenn du lächeln konntest und rot werden konntest, wenn dich einer ansprach. Schüchtern – still – und ätherisch solltest du sein … und echt krank dünn – aber nur an einer bestimmten Körperstelle.

Scheiß drauf! Echt! Es ist alles Mist.

Irgendwas entsprechen zu wollen, schafft NUUUR Stress und eine ganz kurze Emotion der Erfüllung …, die schnell vergeht.

Ich spreche für SEI DU SELBST – ohne ABER ….

Genieße viel mehr ….

LIEBE DICH ZUERST

Einladung an dich:

Beobachte deine Gedanken im Alltag und entlarve all die hinterhältigen Stimmen, die dich mit anderen vergleichen und dir zuflüstern, dass du nicht gut genug bist. Erkenne all die „Du solltest" Gedanken und verabschiede sie mit einem Schmunzeln.

Du bist nicht hier, um eine weitere Kopie zu produzieren, du bist hier, um dich als ein Unikat zu feiern.

4. – 10. September 2023   36. KW

Montag **4** September		Wofür bist du heute dankbar?
Dienstag **5** September		Wofür bist du heute dankbar?
Mittwoch **6** September		Wofür bist du heute dankbar?
Donnerstag **7** September		Wofür bist du heute dankbar?
Freitag **8** September		Wofür bist du heute dankbar?
Samstag **9** September		Wofür bist du heute dankbar?
Sonntag **10** September		Wofür bist du heute dankbar?

Großvater, Enkelsohn und ihr Esel

Vor einer langen Zeit beschloss ein alter Großvater mit seinem Enkelsohn, dass er seine ein bisschen weiter wohnende Familie besucht.

Sie nahmen Geschenke mit, beluden mit ihnen ihren Esel, stiegen selber hoch und ritten davon.

In der nächsten Stadt begegneten sie Menschen, die sehr empört über sie waren: „Der arme Esel muss das ganze Gepäck tragen und auch noch die Beiden. Sie sollten sich wirklich schämen!"

Sie wollten die Menschen nicht weiter verärgern, also stieg der Großvater vom Esel und sie gingen weiter. In der nächsten Stadt angekommen, empörten sich manche über ihren Anblick: „Also so was, der Junge reitet gemütlich auf einem Esel und der arme alte Mann muss zu Fuß laufen. Der Junge sollte sich schämen!"

Der kleine Junge wollte sich natürlich nicht schämen, also stieg er ab und lief zu Fuß. Jetzt ritt der Großvater auf dem Esel. Aber um die nächste Ecke gab es wieder empörte Stimmen: „Das gibt´s doch nicht, seht euch das an! Der Alte reitet gemütlich auf einem Esel und lässt den kleinen Jungen zu Fuß laufen. Schämen sollte er sich!"

Der Großvater stieg also auch vom Esel und sie liefen beide zu Fuß.

In der nächsten Stadt angekommen, gab es Menschen die sie schrecklich auslachten: „Schaut euch die beiden Dummköpfe an, sie haben einen Esel, aber laufen zu Fuß."

Diese Geschichte gibt so wunderschön wieder, wie absolut sinnlos und unnötig der Wunsch in uns ist, das eigene Handeln von Meinungen anderer abhängig zu machen.

Es ist schlicht und einfach unmöglich, es allen gerecht zu machen.

11. – 17. September 2023   37. KW

Montag **11** September	Wofür bist du heute dankbar?
Dienstag **12** September	Wofür bist du heute dankbar?
Mittwoch **13** September	Wofür bist du heute dankbar?
Donnerstag **14** September	Wofür bist du heute dankbar?
Freitag **15** September	Wofür bist du heute dankbar?
Samstag **16** September	Wofür bist du heute dankbar?
Sonntag **17** September	Wofür bist du heute dankbar?

Wer dich meint,
meint in Wahrheit immer nur sich selbst!

Wer dir aus deinen blinden Flecken helfen will, fragt zuerst nach deiner Erlaubnis, nimmt dich als Ganzes wahr und stellt Fragen.

Er knallt dir nie Wahrheiten über dich ins Gesicht.

Dies gilt überall, auch in Beziehungen und Freundschaften aller Art. Auch wenn jemand mit dir 40 Jahre zusammenlebt, lebt er doch nicht in dir.

Das Ego fühlt sich angesprochen, wenn es Urteile, Beschimpfungen oder ähnliches hört.

Aber es ist nur das Ego, dass dir zuflüstert, es ginge um dich. Es geht nie um dich.

Es ist eine absolut befreiende Wahrheit.

Wenn du meine Wörter auf Wahrheit überprüfen möchtest, veröffentliche irgendeinen Text auf Facebook und co.

Ein Text – vielleicht ein Bild und ganz viele Menschen, die meisten von ihnen kennen dich nicht, fangen an, dein Werk zu kommentieren.

Von es ist super – du bist geil, bis wie kannst du so bescheuert sein, kann alles dabei sein.

Also was jetzt? Bist du super und geil oder bescheuert?

…. das wirklich Traurige daran ist, dass unser Ego aus diesem Salat an Feedbacks irgendein Selbstbild für uns fabriziert.

18. – 24. September 2023   38. KW

Montag **18** September		Wofür bist du heute dankbar?
Dienstag **19** September		Wofür bist du heute dankbar?
Mittwoch **20** September	Weltkindertag	Wofür bist du heute dankbar?
Donnerstag **21** September		Wofür bist du heute dankbar?
Freitag **22** September		Wofür bist du heute dankbar?
Samstag **23** September		Wofür bist du heute dankbar?
Sonntag **24** September		Wofür bist du heute dankbar?

ICH mache mich nicht (mehr) KLEIN, damit du dich GROSS fühlen kannst

Ich bin einfach nicht mehr so blöd wie früher. (Selbstliebe sei Dank)

Ich wollte ja, dass du nett zu mir bist und mich liebhast. Ich stellte mich also auf dich ein.

Du hast es nie (wert)geschätzt, was ich da für dich tue.

Ich habe mich selbst zurückgestellt, mein wahres Licht - meine Präsenz auf ein Minimum gedämmt und bekam dafür eigentlich nur, was?

Abwertung, Erniedrigung und Spott.

Nein, danke. Ich mache mich nicht mehr klein, nur damit du dich groß fühlen kannst.

Ich bin die ich bin. Du bist schon erwachsen, du wirst (d)einen Weg gehen. Ich bin nicht dafür verantwortlich, wie du dich fühlst.

Übernimm selbst die Verantwortung.

Wenn du dich in diesem Text wiederfindest, eine Erinnerung an dich.

Es macht keinen Sinn zu warten, bis die anderen selbst darauf kommen, dafür ist ihre Position viel zu gemütlich.

Da muss man sie schon vom eigenen Schoß schupsen und sagen:

"Du bist schon groß" Bye bye. Mach dein Ding selbst.

Ich bin auch groß und muss nichts von mir abgeben, damit ich etwas bekomme.

Selbstliebe machts möglich. Also weiter machen, den Fokus nicht verlieren.

25. September – 1. Oktober 2023   39. KW

Montag **25** September	Wofür bist du heute dankbar?
Dienstag **26** September	Wofür bist du heute dankbar?
Mittwoch **27** September	Wofür bist du heute dankbar?
Donnerstag **28** September	Wofür bist du heute dankbar?
Freitag **29** September	Wofür bist du heute dankbar?
Samstag **30** September	Wofür bist du heute dankbar?
Sonntag **1** Oktober	Wofür bist du heute dankbar?

SCHULD:

Es ist DEINS,

aber du denkst, fühlst oder sagst, es ist MEINS.

Es ist MEINS,

aber du denkst, fühlst oder sagst, es ist DEINS.

Lass dir nichts überstreifen, was nicht deins ist. Wer dich schuldig spricht, will nur seine Verantwortung entkommen, seinen Frust entladen. Du bist kein Mülleimer.

Gib niemandem die Schuld, du machst dich damit klein und fühlst dich dann auch so.

Schuld ist nur der Versuch eines kindischen Erwachsenen, seiner Verantwortung zu entkommen.

Sehe die Wahrheit - fühle die Wahrheit - du bist in der Lage, dich allem zu stellen.

Es ist eine Sache deiner Wahl. Sei mutig.

2. – 8. Oktober 2023   40. KW

Montag **2** Oktober		Wofür bist du heute dankbar?
Dienstag **3** Oktober	Tag der deutschen Einheit	Wofür bist du heute dankbar?
Mittwoch **4** Oktober		Wofür bist du heute dankbar?
Donnerstag **5** Oktober		Wofür bist du heute dankbar?
Freitag **6** Oktober		Wofür bist du heute dankbar?
Samstag **7** Oktober		Wofür bist du heute dankbar?
Sonntag **8** Oktober		Wofür bist du heute dankbar?

SCHULD: Es ist DEINS, aber du denkst, fühlst oder sagst, es ist MEINS.

Ich hatte eine Schwachstelle. Ich war infektanfällig, weil ich schuldanfällig war. Ich fühlte mich verantwortlich für die Seinszustände anderer Menschen.

Ich nahm etwas auf mich, was nicht meins war. Ich belastete damit meine Systeme, meine Gedanken, meinen Körper, mein Gewissen.

Es geschah nicht laut oder offensichtlich. Es gab keinen Streit, keine Tränen, kein Drama. Ich übernahm Verantwortung, auch ohne, dass man sie mir zuschob.

Das „schuldige" Kind in mir versuchte der Schuld zu entkommen.

Ich nehme jetzt wahr, so klar wie nie zuvor, Schuld ist Schwachsinn – Blödsinn – eine Fata Morgana.

Sie ist im Grunde genommen – unmöglich. Es geht nicht. Niemand kann verantwortlich dafür sein, wie es mir geht.
Ich kann es NUR glauben. So tun als ob. Einem Trugbild erliegen.

Ich kann niemals dafür verantwortlich dafür sein, wie es euch geht.
Ich kann es NUR glauben. So tun als ob. Einem Trugbild erliegen.

Meine Schwachstelle lag vor mir – so nackt und so klar.

Ich musste den Menschen um mich herum zugestehen, dass sie Erwachsen sind. Auch wenn sie es vielleicht nicht selbst glaubten – so sind sie es trotzdem.

Du bist niemals verantwortlich für einen Seinszustand eines anderen.

9. – 15. Oktober 2023   41. KW

Montag **9** Oktober		Wofür bist du heute dankbar?
Dienstag **10** Oktober		Wofür bist du heute dankbar?
Mittwoch **11** Oktober		Wofür bist du heute dankbar?
Donnerstag **12** Oktober		Wofür bist du heute dankbar?
Freitag **13** Oktober		Wofür bist du heute dankbar?
Samstag **14** Oktober		Wofür bist du heute dankbar?
Sonntag **15** Oktober		Wofür bist du heute dankbar?

Schuld ist das Thema der Erwachsenen, die (noch) nicht erwachsen wurden. Sie schieben sich die Verantwortlichkeiten hin und her.

Ein wirklich Erwachsener versteht – die Verantwortung liegt immer – ausnahmslos – bei einem selbst –
WEIL
WIR IMMER EINE WAHL HABEN.

16. – 22. Oktober 2023   42. KW

Montag **16** Oktober		Wofür bist du heute dankbar?
Dienstag **17** Oktober		Wofür bist du heute dankbar?
Mittwoch **18** Oktober		Wofür bist du heute dankbar?
Donnerstag **19** Oktober		Wofür bist du heute dankbar?
Freitag **20** Oktober		Wofür bist du heute dankbar?
Samstag **21** Oktober		Wofür bist du heute dankbar?
Sonntag **22** Oktober		Wofür bist du heute dankbar?

Alle sprechen von toxischen Partnerschaften. Was ist aber mit der toxischen Eigenbeziehung?

Wenn man sich selbst begegnet und nach innen schaut, stellt man fest – man steht mit sich selbst in Beziehung. Da gibt es etwas in uns, was mit uns spricht, was uns beurteilt, was uns sieht, was Erwartungen an uns stellt, was uns bestraft oder belohnt usw.

Wir führen eine Beziehung mit uns selbst. Als ich begann, in die Selbstliebe zu gehen, stellte ich erschrocken fest, dass meine Selbstbeziehung einen echt toxischen Charakter hat.

Ich war kein bisschen freundlich zu mir, erwartete absolut fehlerfreies Handeln und Denken, für jede Kleinigkeit wurde ich niedergemacht, ausgelacht, kleingehalten. Ich kannte kein Eigenlob, alles musste ich mir verdienen. Sobald ich versagt habe, wurde ich von mir selbst verlassen. Ich konnte mich nicht trösten, mich in den Arm nehmen, mich stärken. Horror war das! Warum? Weil man sich selbst nicht verlassen kann!

Mein innerer Kritiker, Antreiber und Bestrafter übernahmen meinen inneren Raum und ließen kaum Wärme, kaum Liebe zu mir hindurch.

Eine toxische Beziehung kann man verlassen – aber wie soll man sich selbst verlassen? Es geht nicht. Es gibt nur eine Art sich zu helfen. Aus einer toxischen Eigenbeziehung eine Liebesbeziehung zu machen.

UND das geht!!! Das ist absolut möglich! Das Wundervolle an einer Eigenbeziehung ist die Tatsache, dass man alles selbst in die Hand nehmen kann.

In einer Partnerschaft gibt es immer auch einen anderen, der eine freie Entscheidung hat und unabhängig von uns handelt.

In einer Selbstbeziehung haben wir ALLES – wirklich ALLES selbst in der Hand. Hier sind wir total unabhängig.

23. – 29. Oktober 2023   43. KW

Montag **23** Oktober		Wofür bist du heute dankbar?
Dienstag **24** Oktober		Wofür bist du heute dankbar?
Mittwoch **25** Oktober		Wofür bist du heute dankbar?
Donnerstag **26** Oktober		Wofür bist du heute dankbar?
Freitag **27** Oktober		Wofür bist du heute dankbar?
Samstag **28** Oktober		Wofür bist du heute dankbar?
Sonntag **29** Oktober	Ende der Sommerzeit	Wofür bist du heute dankbar?

Ich bin (endlich) bereit zu sterben.

Der Ruf war schon immer da, in den letzten Monaten immer lauter. Es rief in mir alles nach dem Tod.
„Ich kann doch nicht sterben, ich habe hier doch Verpflichtungen!!!"

Aber es blieb dabei, immer lauter – immer lauter. Der Ruf nach dem Tod. Irgendwann konnte ich nicht mehr widerstehen, ich konnte einfach nicht mehr. Ich ergab mich. „So ist es, so soll es also sein!"

Es war abends, ich war bereit. Ich will sterben, ich soll sterben. Ich ließ los. Ich leistete keinen Widerstand mehr. Ich erlaubte.
Ich wachte morgens wieder auf. Ich merkte es nicht sofort, irgendetwas war anders. Es blieb nicht bei diesem einen Mal. Es kam wieder und immer wieder. Beim letzten Mal konnte ich wahrlich eine verzweifelte Stimme in mir hören. „Lass mich sterben. Ich will sterben. Lass mich endlich vergehen."

Tod ist endgültig. Es ist keine Heilung, Harmonisierung, kein Loslassen in dem Sinne. Es ist eine endgültige, unwiederbringliche Transformation. Ich befinde mich in einem Sterbeprozess.

Ich sagte immer, ich wache auf. Ich erinnere mich, wer ich wirklich bin. Aber ich sterbe dabei nach und nach. Es geht immer tiefer. Jedes Mal ein Schritt weiter. Ich liege da und bin bereit zu sterben. Ob ich dabei auch meinen Körper loslasse? Ja, wenn es das ist, was sein soll.

Ich habe keine Kontrolle über diesem Prozess. Ich kann nur vertrauen und erlauben. Ich kann mich nur noch darauf einlassen.

Meine Persönlichkeit stirbt in mir, meine Muster, meine Zwänge, meine Grenzen …. ich kann es noch nicht einmal benennen. Es stirbt. Danach ist ein neuer Raum da.
Verbundenheit – Frieden – Freundlichkeit – Zuversicht – Geborgenheit. Ich erkenne immer mehr. Ach sooo, das bin ich. Ich bin viel mehr als nur eine 42-jährige Slowakin namens Silvia.

Ich erkenne mit Sicherheit, die mir kein Mensch mehr ausreden, ins Lächerliche ziehen oder wegnehmen kann. Ich bin hier, um mich zu erinnern, wer ich wirklich bin.

30. Oktober – 5. November 2023   44. KW

Montag **30** Oktober		**Wofür bist du heute dankbar?**
Dienstag **31** Oktober	Reformationstag	**Wofür bist du heute dankbar?**
Mittwoch **1** November	Allerheiligen	**Wofür bist du heute dankbar?**
Donnerstag **2** November		**Wofür bist du heute dankbar?**
Freitag **3** November		**Wofür bist du heute dankbar?**
Samstag **4** November		**Wofür bist du heute dankbar?**
Sonntag **5** November	Ende der Sommerzeit	**Wofür bist du heute dankbar?**

Das Leben ist halb so ernst, wie ich es immer glaubte. Der Moment, wenn du realisiert, dass nichts, einfach gar nichts ernst sein muss.

Es gibt nur dich. In dir und um dich herum. Du bist das Zentrum deiner Welt und deine Energie wartet auf deine Befehle. Was glaube ich zu sein, was glaube ich zu verdienen, was glaube ich …das bekomme ich. Die Energie kennt kein Urteil, sie kennt keine Strafen oder Belohnungen. Was ich glaube, das geschieht … Der Moment, wenn du realisierst, dass alle deine Lebensumstände aus dir entspringen und du aufhörst, diese riesen Verantwortung zu fürchten. Ich kann jede Zeit in jedem Moment den Raum verlassen, in dem ich mich aufhalte und wo anders gehen. Ich kann spielen, dass ich arm bin – ich kann spielen, dass ich reich bin. Ich kann meinen Alltag mit Problemen und Sorgen zumüllen, ich kann es aber auch lassen.

Der Moment, wenn du realisierst, dass du dich selbst durch dein Leben fährst. Du bist das Auto, du bist der Fahrer - du bist das alles. Der Verstand schüttelt den Kopf. Was ist mit den anderen? Sie sind doch auch da. Es gibt doch nicht nur dich! Doch in meinem Leben bin ich die Queen, in meinem Leben bestimme ich mein Sosein – mein Glauben entscheidet über meine Erfahrung. Ich habe in Wirklichkeit keinen Einfluss darauf, was du glaubst. Ich kann versuchen, dich zu manipulieren und du kannst so tun, als wäre ich erfolgreich. In Wirklichkeit treffen sich zwei Könige und spielen miteinander ein Spiel der Abhängigkeit. In dem Moment, in dem du realisierst, dass nichts starr und fest ist – alles fließt und verändert sich – der Moment, in dem klar ist – der Tod bedeutet nichts. Du brauchst nicht festzuhalten, nichts mehr fürchten, dich nicht mehr sorgen, dich um nichts mehr wirklich kümmern. Niemand kann dich mehr schuldig sprechen, dir schlechtes Gewissen einreden, dich versklaven. Dieses erweiterte Bewusstsein ist die Befreiung aus der Starre, aus dem ernst, aus der Angst vor dem Leben und vor dem Tod.

Das Leben beginnt ein Spiel zu sein ….

6. – 12. November 2023   45. KW

Montag **6** November		Wofür bist du heute dankbar?
Dienstag **7** November		Wofür bist du heute dankbar?
Mittwoch **8** November		Wofür bist du heute dankbar?
Donnerstag **9** November		Wofür bist du heute dankbar?
Freitag **10** November		Wofür bist du heute dankbar?
Samstag **11** November		Wofür bist du heute dankbar?
Sonntag **12** November		Wofür bist du heute dankbar?

In einer Sache bin ich soooo grottenschlecht und zwar schon immer ...

Oh Gott, ich schämte mich so dafür!!!

Scham ist wie ein Geheimagent, sie arbeitet im Untergrund. Scham versteckt sich gerne auch noch vor einem selbst.

Gestern war ich einfach so weit und gab es zu. Ja, in dieser Sache bin ich sooooo grottenschlecht – ich bin traurig darüber und ja ich tue alles, um es besser zu machen, aber alles was ich tue, reicht nicht und alle meine Bemühungen waren bis jetzt sinnlos ...

... ich fing an, darüber zu lachen. Ich konnte gar nicht aufhören, darüber zu lachen.

Ich fand es plötzlich extrem lustig.

Wie wichtig und ernst ich die Sache nahm, in was für eine Opferhaltung ich da bitte verharre, obwohl ich gerade erst letzte Woche über das Opfersein schrieb.

Ich lachte und lachte, bekam kaum Luft.

Scham ist ein Gemeinagent. Sie versteckt sich gerne.

Das Schöne ist: sobald man bereit ist, das – (was auch immer) - zuzugeben ist sie weg.

Ja, mein Gott, ich bin grottenschlecht darin – so schlecht – dass es schon echt lustig ist.

Ich bin ein Schöpfer und kein Opfer und was ich da für eine Schöpfung erschaffen habe, ist ein Meisterwerk des Versagens.

Es war eine wundervolle Erinnerung, das Leben doch nicht so ernst zu nehmen.

Scham lebt nur im Dunkeln, das Licht erlöst sie. Also einfach zugeben, wofür man sich schämt und ZACK – ist sie weg.

13. – 19. November 2023   46. KW

Montag **13** November		Wofür bist du heute dankbar?
Dienstag **14** November		Wofür bist du heute dankbar?
Mittwoch **15** November		Wofür bist du heute dankbar?
Donnerstag **16** November		Wofür bist du heute dankbar?
Freitag **17** November		Wofür bist du heute dankbar?
Samstag **18** November		Wofür bist du heute dankbar?
Sonntag **19** November		Wofür bist du heute dankbar?

Psychische Gewalt hinterlässt Spuren. Sind sie korrigierbar?

Angeschrien, gedemütigt, manipuliert, kontrolliert, abgewertet, lächerlich gemacht, gemobbt, nicht erst genommen …

Kennst du es? Ich schon …Wer hat mich so behandelt? Ich erlaubte es jedem, der Lust darauf hatte. Und nicht nur das!!! Gerade die Menschen, die mich so behandelten, konnte ich nicht loslassen.

Ich wollte meine Anerkennung genau von diesen Menschen.

Ich dachte viel über sie nach, unternahm alles Mögliche, um mich doch bei ihnen beliebt zu machen. Ich dachte lange, etwas ist falsch an mir. Ich musste besser werden, an mir arbeiten, mich aufwerten.

Egal was ich tat, egal wie sehr ich mich bemühte, es reichte nie aus.

Ich hielt mich selbst für schwach, für wenig wert, für nicht liebenswert, für nichts Besonderes. Auch wenn viele Menschen mich mochten, es kam eher auf die an, die es nicht taten.

Diese Menschen waren es, die meine eigene Wunde offenlegten.

Sie zeigten direkt mit dem Finger auf meinen eigenen Mangel und gleichzeitig auch auf ihren eigenen.

Niemand, der sich psychischer Gewalt bedient, ist innerlich stark und gut drauf.

Ich nahm die Rolle des Opfers an.

Ich bekam einmal ein Bild davon. Ich sah mich als Opfer, mein Kopf gesenkt, der Täter mit dem Schwert über mir. Es ist so klar - auf den ersten Blick ersichtlich, dass meine Position die weniger angenehme ist.

Ein Täter fühlt sich seltsam stark, wenn er auf sein Opfer losgeht.

Ich war deswegen froh, lieber das Opfer zu sein.

Warum?

20. – 26. November 2023   47. KW

Montag **20** November		Wofür bist du heute dankbar?
Dienstag **21** November		Wofür bist du heute dankbar?
Mittwoch **22** November		Wofür bist du heute dankbar?
Donnerstag **23** November		Wofür bist du heute dankbar?
Freitag **24** November		Wofür bist du heute dankbar?
Samstag **25** November		Wofür bist du heute dankbar?
Sonntag **26** November		Wofür bist du heute dankbar?

Weil es mir einfacher vorkam, diese Rolle aufzugeben.

Ein Opfer fühlt sich einfach schlecht und schwach. Es hat das Gefühl, ausgeliefert zu sein, nicht anders zu können. Es lässt über sich bestimmen, weil es ihm an Ressourcen mangelt. Es mangelt ganz einfach an Selbstliebe. **Niemand, der sich liebt, lässt sich selbst Gewalt antun. Es geht einfach nicht.**

Liebe ist Energie, die jeder von uns in Hülle und Fülle in sich hat.

Die Frage ist nie, ob die Liebe da ist, sondern wie man sie wahrnimmt, wie man sie annimmt, wie man sie in eine Persönlichkeit integriert, die auf das Fehlen der Liebe programmiert ist.

Ist es möglich? JA!

Ist es für jeden möglich? JA! Und JA!

Ist es auch für dich möglich? JA!!!

Liebe ist Energie, die heilt, harmonisiert, aber auch stärkt und klare Grenzen aufzeigt. Liebe ist Kraft – Power – Sanftmut – Trost und vieles mehr.

LIEBE DICH ZUERST wurde mein Leitsatz. Es wurde für mich wie ein Leitstern, wie ein Leuchtturm, der mich auf meinen Weg leitete.

Der Weg der Selbstliebe ist am Anfang oft steinig, verwirrend und auch voller Schmerz. Denn wo keine Liebe ist, ist Schmerz. Das offenbart sich als Erstes.

An dieser Stelle nicht umzudrehen, an sich und seine Liebe zu glauben, auch wenn es nur ein Funken am Himmel ist.

Darum geht es. Sich auf den Weg zu machen und nicht mehr umzudrehen.

Weiter und weiter zu gehen, bis der Schmerz sich nach und nach löst und Platz macht für Liebe, Freundlichkeit, Fülle und Wohlstand.

27. November – 3. Dezember 2023   48. KW

Montag **27** November		Wofür bist du heute dankbar?
Dienstag **28** November		Wofür bist du heute dankbar?
Mittwoch **29** November		Wofür bist du heute dankbar?
Donnerstag **30** November		Wofür bist du heute dankbar?
Freitag **1** Dezember		Wofür bist du heute dankbar?
Samstag **2** Dezember		Wofür bist du heute dankbar?
Sonntag **3** Dezember		Wofür bist du heute dankbar?

Liebe dich zuerst. Du bist mit dir immer zusammen

So Simpel und doch so oft vergessen. Ich kann mich selbst nicht verlassen, du kannst dich selbst nicht verlassen – niemand – niemals kann sich selbst verlassen.
Wir sind immer mit uns selbst zusammen.

Wenn etwas wirklich wichtig ist, dann ist es die Art, wie wir mit uns umgehen.

Du kannst dein größter Kritiker oder dein größter Befürworter sein. Du kannst dich ständig und ewig schimpfen oder dir Mut zusprechen. Du kannst dich innerlich verlassen, wenn du traurig bist oder einen Fehler gemacht hast, oder du kannst dir zur Seite stehen und dich trösten.

Du kannst dein größter Feind oder dein bester Freund werden.
Selbstliebe ist eine Entscheidung.

Wenn ich darüber spreche, höre ich oft von schlechten Erfahrungen, schlimme Kindheit, meine Mutter war … , mein Vater war … usw.

Ja, die Kindheit prägt unsere Persönlichkeit und auch all die schlimmen Erfahrungen.

Aber ich spreche hier nur zur Erwachsenen. Wir sind keine Kinder mehr, die abhängig sind.

Wir sind alle groß und selbstständig. Wenn wir uns selbst nicht lieben, dann liegt es nicht mehr an irgendjemanden. Es ist immer unsere Wahl – bewusst oder unbewusst.
Es ist der Spiegel dessen, was wir tun oder nicht tun, was wir sind oder was wir bereit sind zu sein.
Jeder Mensch ist ein Schatz, ein einzigartiges Individuum und jedem steht frei seine Einzigartigkeit und Schönheit zu entdecken.

Wir sind keine Opfer, die nichts ändern können – es sei denn, wir wählen es.

4. – 10. Dezember 2023   49. KW

Montag **4** Dezember	Wofür bist du heute dankbar?
Dienstag **5** Dezember	Wofür bist du heute dankbar?
Mittwoch **6** Dezember	Wofür bist du heute dankbar?
Donnerstag **7** Dezember	Wofür bist du heute dankbar?
Freitag **8** Dezember	Wofür bist du heute dankbar?
Samstag **9** Dezember	Wofür bist du heute dankbar?
Sonntag **10** Dezember	Wofür bist du heute dankbar?

Du WILLST- aber kannst NICHT?

Switche um:
vom Opfer zum Schöpfer.

Schöpfer weiß und kann - er findet einen Weg.

Du kannst ein Schöpfer sein – du kannst auch ein Opfer sein.

Wähle – Wähle – Wähle, wer oder was du sein willst.

In jedem Moment kannst du neu wählen.

11. – 17. Dezember 2023   50. KW

Montag **11** Dezember		Wofür bist du heute dankbar?
Dienstag **12** Dezember		Wofür bist du heute dankbar?
Mittwoch **13** Dezember		Wofür bist du heute dankbar?
Donnerstag **14** Dezember		Wofür bist du heute dankbar?
Freitag **15** Dezember		Wofür bist du heute dankbar?
Samstag **16** Dezember		Wofür bist du heute dankbar?
Sonntag **17** Dezember		Wofür bist du heute dankbar?

Du wirst geliebt – von ALLEN MÄNNERN und FRAUEN deines LEBENS!!!

Bäm – was für ein Moment, was für eine Offenbarung!!!
Die (Selbst)Liebe macht keine halben Sachen.

Irgendwann ist jeder soweit – irgendwann kann man diese Wirklichkeit nicht mehr vor sich selbst verbergen.
Es gibt eine Ebene – es gibt eine Realität, in der die Liebe in allem und jedem mitschwingt.

Irgendwann ist die Idee der Selbstliebe eine Tatsache – ein neuer Lebensraum.
Ich habe so viele traurige – unerfüllte Beziehungen hinter mir – angefangen mit meinem Papa. So viel Trauer – Drama – Schmerz, Leid und durcheinander.
Sie kamen alle zu mir – alle Männer meines Lebens, um sich zu zeigen – um sich zu offenbaren. Es kam zuerst der, der mich am meisten verletzt hatte. Ich sah ihn zum ersten Mal verletzlich – zum ersten Mal, wie er wirklich ist. Kein Gehabe – keine Masken.

Er kam, um sich zu öffnen.
Die Liebe floss zwischen uns, wir sahen einander, mein Herz wurde immer größer und ich spürte in jeder Zelle meines Körpers, in jedem Gedanken, dass dies eine wahre Begegnung ist.

Was noch weh tat, was noch ent - schuldigt werden wollte, wurde geheilt. Ich weinte und weinte vor Erleichterung - vor Rührung.
Er sah mich an und sagte: „Indem ich dich liebe – liebe ich mich. Indem ich mich liebe – liebe ich dich. Ich will nur, dass du mich willst!"
Ich fühlte, dass er mich liebt – zum ersten Mal.

Sie kamen alle, denn jetzt war ich soweit. Ich war soweit, diese unglaubliche Wahrheit zu erkennen. Die Liebe ist immer hier und sie war nie woanders. Ich werde geliebt – ich wurde schon immer geliebt und ich werde immer geliebt werden.

Das Herumgewusel – das Durcheinander – die Streitereien – die Begegnungen ohne sein wahres Gesicht zu zeigen – das Verstecken –

18. – 24. Dezember 2023   51. KW

Montag **18** Dezember		Wofür bist du heute dankbar?
Dienstag **19** Dezember		Wofür bist du heute dankbar?
Mittwoch **20** Dezember		Wofür bist du heute dankbar?
Donnerstag **21** Dezember		Wofür bist du heute dankbar?
Freitag **22** Dezember		Wofür bist du heute dankbar?
Samstag **23** Dezember		Wofür bist du heute dankbar?
Sonntag **24** Dezember	Heiligabend	Wofür bist du heute dankbar?

sich nicht trauen – alles was gesagt wurde – oder nicht gesagt wurde – was angetan wurde …

Es gibt einen Moment, da spielt es keine Rolle mehr. Es ist vorbei. Es sind nur die menschlichen Masken, die Oberfläche, die Wellen auf dem Ozean – aber **in der Tiefe sind wir in Liebe verbunden – wir dienen uns – wir sehen uns – wir unterstützen einander.**
In der Tiefe hat jeder von uns ein riesiges, liebendes Herz.
Da lohnt es sich auszudehnen – den Blick weiten – diese Ebene in den Alltag integrieren. Das Gefühl, dass man geliebt wird und dass alles, was geschah, keine Rolle spielen muss.

Einladung an dich:

Lass diesen neuen Blick auf die Beziehungen in dir aufgehen und wachsen. Es geschah alles nur aus einem Mangel an Bewusstsein. Wer sich seiner selbst bewusst ist, kann nicht verletzen, kann nicht schaden. In der Tiefe jedes Herzens lebt die Liebe. Begegne in deiner Vorstellung all den Menschen, die dich verletzten oder dich noch verletzen.

Erkenne, was wirklich los ist. Sie werden abgelehnt, sie verletzen sich selbst Tag für Tag, sonst würden sie auch nicht dazu übergehen, dich zu verletzen. Würden sie sich lieben, würden sie nicht so handeln können. Siehst du ihren Mangel? Fühlst du ihren Schmerz? Schau in ihrem Handeln ging es nie um dich persönlich.

WER DICH MEINT, MEINT IN WAHRHEIT IMMER NUR SICH SELBST.

Du brauchst nichts tun. Du musst niemandem sofort vergeben. Erlaube dir nur, dies zu erkennen. All die bösen Wörter, die in deine Richtung ausgesprochen wurden und die du als deine Wahrheit über dich akzeptiertest, beginnen sich zu lösen und dein wahres Gesicht beginnt zu erscheinen. Lass dir Zeit.

25. – 31. Dezember 2023   52. KW

Montag **25** Dezember	1. Weihnachtstag	**Wofür bist du heute dankbar?**
Dienstag **26** Dezember	2. Weihnachtstag	**Wofür bist du heute dankbar?**
Mittwoch **27** Dezember		**Wofür bist du heute dankbar?**
Donnerstag **28** Dezember		**Wofür bist du heute dankbar?**
Freitag **29** Dezember		**Wofür bist du heute dankbar?**
Samstag **30** Dezember		**Wofür bist du heute dankbar?**
Sonntag **31** Dezember	Silvester	**Wofür bist du heute dankbar?**

Wir bleiben nie SCHUTZLOS, wir sind in Sicherheit.

Liebe bringt den besten Schutz. Wenn Sie nicht da ist, übernimmt die Angst.

Liebe ANGST, ich danke dir! Du hast mich beschützt, du warst immer für mich da.
Ich mochte dich nicht, ich bekämpfte dich, ich wollte, dass du gehst – mich in Ruhe lässt.
Jetzt verstehe ich viel besser.
Jetzt weiß ich, du bist nicht böse und du wolltest mir auch nichts Böses.
Du wolltest mich beschützen – auf deine Art.
Ich brauche deinen Schutz jetzt nicht mehr.
Die LIEBE übernimmt. Ich übernehme.
Wo Liebe ist, bist du nicht. Wo ich bin, bist du nicht.
Also ich danke dir, bis irgendwann wieder.

Einladung an dich: Die Angst ist nichts weiter als ein natürlicher Schutzmechanismus. Er schaltet sich immer dann an, wenn du aus welchem Grund auch immer der Meinung bist, dich nicht stellen zu können. Übe es im Alltag – sanft und behutsam.

Jedes Mal, wenn die Angst dich zu schützen beginnt, mache deinen Switch – vom Opfer zum Schöpfer. Erinnere dich. Du bist ein Wesen, das wählen kann. Du bist ein Schöpfer – du kannst und du weißt. Du stellst dich, bleibst, weichst nicht von der Stelle. Du weißt, die Liebe ist an deiner Seite, die Hilfe ist sofort da, wenn du sie brauchst. Du bleibst und vertraust. Die Angst zeigt gerne all ihre Gesichter, bevor sie sich verabschiedet.

Das kann sie, du bleibst trotzdem. Wenn sie bemerkt, dass du kräftig genug bist zu übernehmen, geht sie. Sie weiß jetzt, sie braucht dich nicht mehr zu beschützen, du übernimmst jetzt.

Einladung an dich:

Verbinde dich mit dem Ende deiner Reise.

Sprich diese Wörter, lies sie jeden Tag, bis sie in jeder deiner Zelle in jedem Gedanken ihren Platz angenommen haben. Alles, was mit der Selbstliebe nicht mehr im Einklang ist, wirst du so erkennen können und nach und nach verabschieden. Alles was liebevoll ist, klopft an deiner Tür um eingelassen zu werden.

FINDEST DU MICH GUT?

Ja? Schön!

Nein? Schön!

Es spielt keine Rolle, ich bin EMOTIONAL-UNABHÄNGIG – ich liebe mich selbst.

In mir selbst ist alles erhalten. Meine Vergangenheit, meine Gegenwart und meine Zukunft.

Darum weiß ich, was ich tun soll, wie und wann. Ich gehe nur Wege, die für mich stimmig sind. Ich begegne nur Menschen, denen ich begegnen soll.

Ich fühle in mir ist alles, was ich brauche. Das, was in mir ist, kümmert sich um mich. Es zeigt mir, was zu tun ist und wann. Es bringt mich dorthin, wo ich gebraucht werde. Es legt mir die richtigen Wörter in den Mund.

Ich wirke ohne mich zu bemühen, ohne mich anzustrengen.

Ich mache mir keine Gedanken, ich kenne keine Sorgen, ich bereue nichts und bin niemandem böse.

Wenn ich Schmerz und Leid sehe, fühle ich Mitgefühl und Verständnis.

Ich kenne keine Hörigkeit mehr und keinen Neid.

Ich fühle mich nicht klein oder groß. Ich bin, wie ich bin. Du bist, wie du bist.

Bist du toller, wichtiger, erfolgreicher? Wer mag es beurteilen? Die Mühe mache ich mir nicht.

Ich kann nicht manipuliert werden.

Ich kann Schmerzen und Leid lindern.

In meiner Nähe entspannt man sich und fühlt sich gesehen und respektiert.

Ich brauche die Liebe und Zuspruch meiner Mitmenschen nicht, ich kann sie dort lassen, wo sie sind.

Ich genieße wunderschöne gemeinsame Momente, ich hänge von ihnen nicht ab.

Ich bin menschlich, ich kenne Momente der Angst, Ungeduld, Zweifel… Ich bin bewusst und voll da. Ich fühle und sehe mich fühlen und belasse es dabei. Es kommt und geht wie die Wolken.

Die Sonne in mir scheint ohne Unterlass.

Ich bin im Licht und ich bin im Dunkeln. Ich bin auf der Erde und ich bin im Himmel.

Ich liebe mich radikal. Ich nahm mich in Besitz. Ich vereinte meinen Körper, meinen Verstand und meine Seele.

Ich brauche nichts tun, um ZU SEIN. Ich bin …

Ich bin ein neuer Mensch, ich bin erwacht.

Ich bin frei. Ich bin ich. Ich bin unabhängig. Ich bin in der Fülle. Ich bin ich selbst. ICH BIN.

Kann es so einfach sein?

Ja und Nein.

Es ist einfach und dann im Alltag oft doch nicht. Warum? Weil du irgendwie ungeschickt oder zu doof dafür bist? Auf gar keinen Fall!!!

Es liegt einfach daran, dass wahre Selbstliebe in der Welt so rar ist. Es gibt viel Ablehnung, viel Verunsicherung.

Wenn du merkst, dass es dir schwerfällt, lass dir helfen, lass dich unterstützen. Du musst dich nicht alleine durchkämpfen.

Jemanden an der Seite zu haben, der schon gut in der Selbstliebe verankert ist, ist einfach nur heilsam und schön. Der Weg geht sich einfacher, bringt viel mehr Klarheit und Sicherheit mit sich.

Komm in mein Selbstliebe-Programm „Liebe dich zuerst" oder gehe zu jemanden anderen, mit dem du in Resonanz stehst.

Wann bist du bei mir richtig? Wenn du:

- bei den Begriffen Seele - Bewusstsein und Energiearbeit nicht davonlaufen willst.
- sehr individuelle Lösungen bevorzugst und
- großen Wert auf Eigenverantwortung legst.

Ich bin kein Freund von Methoden, die für alle gut sein sollten.

Ich Maße mir nicht an zu wissen, was gut für dich ist.

Ich unterstütze und begleite dich dabei, dich mit deiner eigenen inneren Weisheit zu verbinden. Du weißt am besten, was du brauchst, wann und warum. Darum arbeite ich sehr viel mit der inneren Wahrnehmung und Energie.

Ich gehe mit dir zuerst in die Tiefe, in dein Energiefeld, damit du dort Impulse und Erneuerungen anbringen kannst und so auf eine besonders sanfte Art das Neue in deinen Alltag behutsam integrieren kannst.

Das Energiefeld - unsere Energiestruktur ist die Ebene unseres Wesens, in der alles gespeichert ist - das Körperliche und auch das Geistige.

Hier angebrachte Veränderungen sind nachhaltig, ganzheitlich und sehr heilsam.

Auf dieser Ebene ist jede Art von Druck - Manipulation oder Gewalt gar nicht möglich.

Darum sind meine Angebote von der sehr sanften Art.

Sie laden dich ein, mit dir in Verbindung zu treten - deine Art nicht nur hinzunehmen, sondern sie zu schätzen und zu lieben.

Sie führen dich in die Selbstermächtigung und stärken deinen Eigensinn.

Was du mitbringen musst?

Absolute Lust auf Selbstverantwortung!!!

Weitere Informationen findest du unter:

www.im-sein.de/liebedichzuerst

Ich freue mich auf dich

Silvia

Notizen